Dr A. GUÉNIOT

MEMBRE DE L'ACADÉMIE DE MÉDECINE

SOUVENIRS PARISIENS

DE LA GUERRE DE 1870

ET DE LA COMMUNE

PARIS

LIBRAIRIE J.-B. BAILLIÈRE ET FILS

19, RUE HAUTEFEUILLE, 19

1928

SOUVENIRS PARISIENS

DE LA GUERRE DE 1870

ET DE LA COMMUNE

Dr A. GUÉNIOT

Professeur agrégé à la Faculté de Médecine
Chirurgien en Chef honoraire de la Maternité
Membre de l'Académie de Médecine.

SOUVENIRS PARISIENS

DE LA GUERRE DE 1870
ET DE LA COMMUNE

PARIS

LIBRAIRIE J.-B. BAILLIÈRE ET FILS

19, rue Hautefeuille, près du boulevard Saint-Germain

1928

AU LECTEUR

Cet Opuscule est un *pendant* réduit de mes *Souvenirs anecdotiques et médicaux, 1856-1871* (J.-B. Baillière et fils, 1927). Il fut composé de concert avec les précédents et fit partie du même manuscrit; mais la diversité des sujets me parut trop grande pour conserver leur union. Et c'est ainsi que furent séparés les *Souvenirs parisiens de la Guerre et de la Commune* pour être publiés à part et constituer le présent volume.

PRÉAMBULE

Les événements tragiques de la dernière guerre (1914-1918) à la fois si nombreux et si atrocement variés, sont encore tellement près de nous que leur souvenir semble effacer tout l'intérêt des guerres antérieures. Qui de nos jours, a souci des péripéties et des conséquences de la guerre de 1870? Les désastres qu'elle engendra (malgré leur extrême gravité) sont à l'heure actuelle presque entièrement réparés, tandis que ceux de la *guerre mondiale* restent encore sur le vif et d'une douloureuse actualité.

Cette considération aurait pu me détourner de la présente publication; mais les événements que celle-ci retrace font partie d'un ensemble dont je ne voulais pas détruire l'unité. Et d'ailleurs, *cette période de la guerre franco-allemande et de la Commune comporte des enseignements dont l'intérêt est bien de tous les temps.*

SOUVENIRS PARISIENS
DE LA GUERRE DE 1870
ET DE LA COMMUNE

PREMIÈRE PARTIE

LA GUERRE (1870-1871)

SOMMAIRE. — *L'Avant-guerre. — La guerre en province. — L'Investissement et le Siège de Paris. — L'Armistice et la Paix.*

I

L'AVANT-GUERRE

Les grands bouleversements que subissent les nations, si soudaine que soit d'ordinaire leur apparition, ne surgissent jamais d'une manière imprévue. Des faits antérieurs les préparent de longue main, et d'autres faits plus proches en décèlent communément l'imminence. C'est alors qu'une cause occasionnelle, s'ajoutant aux causes génératrices, en détermine l'explosion.

Ainsi en fut-il de la chute du second Empire, de même que de la guerre de 1870 et et de la Commune.

Déjà le Gouvernement autocratique de l'Empereur avait perdu de sa rigidité lorsque, en 1868, une loi libérale desserra les liens qui enchaînaient la presse et le droit de réunion. Tout aussitôt les adversaires du régime mirent à profit ces nouvelles libertés pour harceler et attaquer le Gouvernement. Des journaux hostiles furent créés et des Clubs s'ouvrirent, fréquentés par un public friand de l'éloquence des meneurs.

Le 1ᵉʳ novembre, une manifestation sur la tombe de Baudin au cimetière Montmartre ayant été dispersée par la force, les journaux révolutionnaires le *Réveil*, la *Tribune*, etc., jetèrent feu et flamme contre le ministre de l'Intérieur. Delescluze, surtout, se distingua par une extrême violence qui le conduisit en police correctionnelle. Et Gambetta, chargé de sa cause, reçut carte blanche non pour *défendre*, mais pour *attaquer*.

Attaquer! L'avocat-tribun sut le faire avec une telle véhémence et si bien remplir son mandat, qu'étant entré obscur défenseur au prétoire, il en sortit avec l'auréole d'un triomphateur, bruyamment applaudi par tous les ennemis de l'Empire.

J'ai souvenir de l'effet prodigieux que sa parole enflammée avait produit dans les rangs populaires comme dans ceux de la bourgeoisie. Partout on vantait sa fulgurante éloquence et la hardiesse de son plaidoyer. Il est vrai que le hasard en cette circonstance l'avait merveilleusement servi; car sa harangue — flétrissure implacable du coup d'Etat — peut-être vingt fois déjà l'avait-il déclamée au café Procope dont il était un familier.

Comme résultat, Delescluze fut condamné à six mois de prison, et Gambetta, l'année suivante, élu d'enthousiasme député de Belleville.

Que le président du tribunal n'aie pas osé couper court aux attaques violentes contre le Gouvernement, c'est là un indice révélateur de l'état des esprits. Les révolutionnaires, par leurs bravades semblaient vouloir terroriser les gens paisibles. Dans un de leurs banquets à Saint-Mandé, Félix Pyat empreint de lyrisme se mit un jour à célébrer, en manière de toast, « la petite balle justicière » ; et, la nouvelle s'en étant répandue, cette évocation de la *petite balle* fut généralement regardée comme une menace prétentieuse de coup de force.

De telles manifestations auraient dû provoquer de la réaction dans le public, Mais il n'en fut rien. Les électeurs de 1869 envoyèrent à la Chambre un grand nombre de députés d'opposition. De ceux-ci le premier acte fut de réclamer un ministère responsable. Et dès le 2 janvier 1870, ce ministère était formé ayant à sa tête Emile Ollivier, l'un des cinq *irréconciliables*. « L'Empire libéral » recevait ainsi une sorte de consécration officielle.

Cette nouvelle conquête du libéralisme eut pour effet d'inciter les révolutionnaires à devenir encore plus agressifs. Un fait tragique vint inopinément leur en fournir l'occasion.

Le 10 janvier à Auteuil, un cousin de l'Empereur, le prince Pierre Bonaparte, au cours d'une violente discussion tuait, le journaliste républicain Victor Noir qui était venu l'interpeller à son domicile. On devine l'exaspération qui s'en suivit dans le camp des exaltés. Rochefort, Flourens, Delescluze et leurs acolytes fulminèrent en termes frénétiques. Le *Réveil*, la *Marseillaise*, la *Tribune* et autres journaux du bord se mirent à tonner avec des éclats formidables. L'enterrement de la victime fut une journée de désordre et de violence; on se serait cru à la veille du renversement de l'Empire.

Voyant l'insuccès de ses concessions libérales, l'Empereur fit alors un pas en arrière, et pour l'affermir, décréta l'ouverture d'un plébiscite. Au jour du vote, le 8 mai, six millions de suffrages approuvèrent ses décisions. Mais par suite de nouveaux événements, ce regain de pouvoir personnel fut bientôt réduit à néant.

Entre temps, les clubs s'étaient multipliés et leurs orateurs ne cessaient de réclamer des réformes. Ils attaquaient non seulement l'Empire, mais aussi les nobles, les riches, le clergé et, en général, toutes les idées conservatrices. De courageux citoyens tentaient bien de combattre leurs préjugés et leurs erreurs, mais ils n'étaient pas les plus écoutés. Leurs louables efforts, néanmoins, n'étaient pas voués d'avance à l'insuccès, car ils arrivaient parfois à se faire applaudir. C'est ainsi qu'un jour, rue du Bac, dans une vaste salle enfumée qui regorgeait d'auditeurs, le Docteur Pierre Jousset sut bravement tenir tête à de redoutables adversaires et terminer sa harangue en s'écriant : « Si j'avais l'honneur d'être un La Rochefoucauld, je serais fier de mon nom et ne me croirais pas inférieur au citoyen Tartempion ».

De tous ces orateurs politiques ou démagogues qui entretenaient l'agitation dans les esprits, il reste sans doute aujourd'hui bien peu de survivants (1). Les masses populaires auxquelles ils s'adressaient, si affamées qu'elles fussent d'émotion, ne trouvaient pas toujours la note tragique à leur convenance. De temps

(1) J'en connais un pourtant — que dis-je ? — nous le connaissons tous, ce glorieux vieillard qui, malgré son grand âge, conservait naguère encore assez de vigueur pour se livrer à la chasse du tigre. En sa jeunesse effervescente, il bataillait de plein cœur dans les rangs de l'opposition avancée. Puis, l'heure vint où assagi par les années, cet ancien clubiste sut tenir à l'écart ses anciens préjugés et mettre au service de la France sa puissante énergie. C'est bien par son aide que nous sommes sortis victorieux de la dernière grande tourmente. Grâce lui en soit rendue.

à autre, elles aimaient à se dérider. Alors le club, un instant, changeait de physionomie. Au milieu des discours furibonds et, parfois aussi, des calembredaines qui s'y débitaient, une exclamation retentissante, une apostrophe bien lancée, partant de l'assistance, suffisait pour mettre celle-ci en gaieté.

Un peu partout, d'ailleurs, cette agitation populaire soigneusement entretenue par les ennemis du régime, faisait pressentir l'approche de graves événements. Au mois de mai 1870, Claude Bernard ayant été nommé sénateur, il formait à ce titre avec Nélaton et le Docteur Conneau une « triade médico-sénatoriale » que le journal l'*Union médicale* saluait avec des transports de joie. Et tout aussitôt, l'auteur ajoutait mélancoliquement : « Pourvu qu'il n'arrive rien de fâcheux au Sénat » !

Dans le mois suivant — le 8 Juin — de Villemessant, Directeur-Propriétaire du *Figaro*, annonçait à ses nombreux lecteurs une nouvelle stupéfiante. Il venait, disait-il, de vendre son « bien-aimé journal à un parti qui n'avait pas ses sympathies » ; et dès ce jour, le *Figaro* passait entre les mains des nouveaux propriétaires.

De fait, ce même numéro du 8 juin était rempli des déclarations et de la prose des plus violents adversaires du régime impérial. On y lisait, par exemple :

« L'empire libéral! L'accouplement de ces deux mots hurle aux yeux. La liberté repousse l'Empereur, comme l'Empereur repousse la liberté ». (*Emmanuel Arago*)

« C'est une lutte à outrance que nous voulons soutenir contre ceux qui ont étranglé la liberté ». (*Figaro républicain*)

« O justice, à quand ton tour? Je hais le meurtre, le sang, la poudre et les balles, mais je hais encore plus les tyrans de la terre, et je veux anéantir les uns par les autres ».

(*Félix Pyat*)

De Victor Hugo il s'y trouvait une longue diatribe en deux colonnes d'alexandrins « contre la presse des mouchards » (1).

Et Ledru-Rollin, et Jules Simon, et Gari-

---

(1)
« Je croyais voir un homme, et ce n'est qu'un mouchard!
   Laquais de l'Empereur, il s'attelle à son char!
   Ne me laissez pas voir la France, pâle et maigre
   Livrée aux appétits de cette haute pègre » !

baldi, etc., eux aussi à cette même tribune, déchargeaient librement leur conscience.

Les lecteurs de ce *Figaro républicain*, aussi ébahis qu'indignés, ne pouvaient comprendre comment de Villemessant s'était abaissé à pareille trahison. Mais, dès le lendemain, nouvelle grande surprise qui contrebat celle de la veille : *le Figaro reparaît comme auparavant dans sa teneur accoutumée!* La prétendue vente du journal n'était qu'une *fiction*, imaginée par son directeur, pour grouper en un faisceau des professions de foi éparses et renseigner ainsi les lecteurs sur l'état d'esprit des ennemis de l'Empire.

A toutes ces menaces, à tous les éléments de trouble intérieur, vint s'ajouter en juillet un gros événement d'ordre international. Le trône d'Espagne étant vacant depuis l'expulsion de la reine Isabelle, on apprit tout à coup qu'un prince allemand, Léopold de Hohenzollern, avait accepté la couronne qui lui était offerte. Grand émoi dans tous les camps; c'est la guerre, s'écrièrent quelques-uns !

Ce n'était pas encore la guerre, puisque sous la pression de l'Europe le prince allemand ne tarda pas à se désister. Mais son acte initial ne fut pas moins, après divers incidents diplomatiques, le brandon qui la fit éclater. Et pour se prévaloir que la Prusse n'en avait pas l'initiative, le madré Bismarck s'empressa de lancer une dépêche mensongère qui nous forçait à la déclarer (1).

C'est ainsi que, le 18 juillet, le Gouvernement annonçait aux Chambres la rupture de nos relations avec la Prusse, et quelques jours après, notre état de guerre avec cette Puissance.

* *
*

Dans quelle condition allions-nous engager la lutte ? Malheureusement *avec un premier désavantage d'ordre capital*, sans compter les autres que j'indiquerai plus loin. Alors que cette guerre était de longue date *préméditée par la Prusse*, de notre côté elle était, au contraire, *toute de surprise et d'improvisation*.

Vainement notre attaché militaire près

(1) D'après cette dépêche, le Roi Guillaume avait dédaigneusement refusé de recevoir notre ambassadeur. Et c'était faux.

l'ambassade de Berlin, le colonel Stoffel, avait signalé avec insistance les préparatifs qui se poursuivaient en Allemagne ; ses avertissements étaient toujours restés lettre morte. Négligence coupable qui, sur un point de première importance — la prévision des événements — nous mettait du coup en état d'infériorité. Mais pendant que l'Empereur, vieilli, était en proie à des souffrances secrètes, certains détenteurs de pouvoir se montraient bien malencontreusement inférieurs à leurs missions.

Questionné à la Chambre des Députés sur l'état de nos préparatifs, le ministre de la guerre, un homme pourtant aussi loyal que brave, ne répondait-il pas avec une belle assurance : « Rien ne manque à notre vaillante armée, *pas même un bouton de guêtre* ».

Ah ! quel cruel démenti, les péripéties de la guerre allaient infliger à ces paroles !

II

LA GUERRE EN PROVINCE

En 1870, des trois cents mille hommes que nous pouvions mettre en ligne devant l'ennemi, deux cent cinquante mille étaient des soldats d'élite. Mais en regard de l'armée allemande, ces vaillantes troupes n'offraient pas moins deux points faibles, touchant le *nombre* et le *commandement*.

Tandis qu'en Allemagne le service obligatoire enrôlait des masses énormes de combattants, nos effectifs limités n'en représentaient qu'un chiffre bien inférieur (1). D'autre part, le Chef d'Etat-Major général allemand, maréchal de Moltke, était un stratégiste remarquable dont nous n'avions pas l'équivalent.

(1) Plus tard, au cours de la guerre, le nombre de nos combattants, sans approcher de celui de l'ennemi, fut notablement augmenté; seulement c'était (sauf exception) par l'incorporation de troupes novices, non aguerries et manquant de cohésion (*Mobiles, Francs-Tireurs, Engagés volontaires*).

Ces deux causes premières nous tinrent constamment en état d'infériorité, et par elles s'explique la succession presque ininterrompue de nos revers dans la première phase des hostilités.

A ces causes primordiales de nos défaites s'en ajoutait d'ailleurs une troisième également d'une puissante action : *la très grande supériorité de l'artillerie allemande sur la nôtre.* Alors que nous ménagions les coups, faute de munitions, l'ennemi pourvu d'innombrables canons criblait nos troupes de ses projectiles. — C'est un correspondant du journal *Le Temps* qui signalait ce fait.

Dès le 4 août, Mac-Mahon battu à Wissembourg était écrasé à Wœrth, en même temps que Frossard à Forbach; et le 8 août, c'était la déroute de Reischoffen, protégée par la charge légendaire de nos cuirassiers. Ah! quelles sinistres nouvelles arrivaient des champs de bataille! Encore nous étaient-elles transmises adoucies par la rhétorique du premier ministre, le général de Palikao successeur d'Emile Ollivier.

Je ne connais pas les carrières de Jeumont, mais depuis qu'elles ont servi à pallier la nouvelle d'une de nos défaites, leur nom n'est jamais sorti de ma mémoire. Nous étions battus, hélas! bien battus, lorsque le général de Palikao, après l'avoir annoncé en termes vagues à la Chambre des Députés, ajouta sur un ton d'assurance : « Mais je viens d'apprendre à l'instant que nos vaillantes troupes ont culbuté un corps d'armée ennemi dans les carrières de Jeumont ».

L'ennemi culbuté dans les carrières de Jeumont! Comment ne pas espérer un peu que, finalement, nous étions peut-être vainqueurs? Eh bien, non; il s'agissait d'une de nos grandes défaites.

Bientôt ensuite, ce fut la capitulation de Sedan et l'Empereur fait prisonnier avec quatre-vingt mille hommes. La nouvelle du désastre, connue du Gouvernement dès le 2 septembre soir, ne se répandit dans le public consterné que le lendemain; et l'on sait ce qui arriva le 4 : la chute de l'Empire.

Ainsi, dans cette première phase de la guerre, ce ne sont de notre côté que défaites sur défaites; aucune éclaircie n'apparaît dans ce lugubre tableau. A revivre en esprit ces temps calamiteux, on est saisi d'une poignante émotion. Comme jadis après la bataille de Pavie, on croirait volontiers que « tout est perdu ». Mais non; « Dieu protège la France ». Cette France vaincue, meurtrie, abattue, se relèvera quand même pour continuer, en dépit des entraves, le cours fluctuant de ses destinées.

Dans sa seconde phase, celle de la *Défense nationale*, la guerre nous fut-elle moins cruelle? Quelque peu, semble-t-il; du moins d'après les apparences.

Avec les glorieux débris de notre vieille armée et des recrues de tous genres, puisés aux sources les plus diverses, on créa de nouvelles armées. Il y eut une armée du Centre, dite armée de la Loire, et une armée de l'Ouest; puis une armée du Nord et une armée de l'Est. Ces forces représentaient la suprême défense de la France. Mais entre elles et celles dont disposait l'ennemi, l'inégalité nous était encore trop désavantageuse pour permettre de grands espoirs.

A cette époque, la guerre de tranchée n'existait pas; celle de mouvement était seule pratiquée et l'ennemi en usait avec une telle habileté que, trop souvent, il parvenait à nous envelopper, faisant de la sorte de nombreux prisonniers. La méthode assurément était bonne. L'heureuse application qu'en fit le général d'Aurelle de Paladine, enveloppant les Prussiens à Coulmiers, nous valut la seule victoire importante que nous ayons remportée.

Outre deux mille hommes faits prisonniers, la délivrance d'Orléans fut le gain momentané de ce haut fait.

Malheureusement, comme d'autres succès de moindre valeur, cette victoire nous fut sans profit durable. Moins d'un mois après, malgré des prodiges de vaillance à Loigny et à Patay, nos troupes écrasées par le nombre étaient refoulées en désordre jusqu'au Mans; et le 5 décembre, le vainqueur Frédéric-Charles rentrait à Orléans.

Cette stérilité de nos efforts — je le répète ici — était due principalement à l'infériorité de nos effectifs. En toute circonstance, la tactique allemande triomphait, grâce au nombre de ses combattants. Après chacun de nos succès, à Coulmiers (9 novembre 1870), à Bapaume (2 janvier 1871), à Villersexel (9 janvier), l'ennemi, sous le coup de sa

défaite, revenait promptement à la bataille
et, avec de gros renforts, reprenait sans tar-
der le terrain perdu.

On verra plus loin que, pendant le siège de
Paris, toutes nos sorties, toutes nos attaques
pour rompre le cercle de fer qui nous étrei-
gnait, eurent un sort exactement semblable.

— Garibaldi, venu de son île de Caprera pour
nous offrir ses services, avait été froidement
accueilli par Gambetta. Son indépendance et
sa manière aventureuse de guerroyer semblaient plus inopportunes que désirables.
Aussi, ne fut-il ni encouragé, ni soutenu; et,
malgré les opérations en Bourgogne de sa petite armée hétéroclite, il ne joua dans notre défense qu'un rôle sans portée.

III

L'INVESTISSEMENT ET LE SIÈGE DE PARIS

SOMMAIRE. — *Le calme de la population et les troubles révolutionnaires. — Le bombardement de Paris. — Nos tentatives de délivrance. — Les vivres ; leur épuisement.*

Après la défaite de nos armées et le désastre de Sedan, les Allemands s'empressèrent de marcher sur Paris, pour en faire le siège. Dès le 18 septembre, l'investissement de la Capitale était complet ; mais nos forts suburbains, solidement défendus par des troupes de la marine, maintenaient l'ennemi à distance des remparts. A son approche, le Gouvernement de la Défense Nationale avait délégué à Tours deux de ses membres : Crémieux et Glais-Bizoin, auxquels Gambetta fut plus tard adjoint.

Pour communiquer entre elles, capitale et province n'avaient plus dès lors que la voie des airs, et comme agents : les *ballons* et les *pigeons*. Toute lettre des particuliers devait être réduite à un seul feuillet plié, sans enveloppe, et porter la mention « par ballon monté ». Je possède encore de ce temps-là plusieurs de mes lettres que ma famille avait conservées.

Le départ du premier ballon emportant de trente à quarante mille lettres eut lieu le 23 septembre.

Les Parisiens pouvaient ainsi correspondre *par ballon monté* avec la Province. Mais de celle-ci, ils ne recevaient rien. Le service des pigeons apportant à Paris les nouvelles du dehors, était réservé au Gouvernement. Ces aimables messagers, du reste, malgré leur bonne volonté, ne parvenaient pas toujours à remplir leur mission. Le froid excessif d'un hiver exceptionnel y faisait souvent obstacle (1).

(1) A la date du 31 décembre 1870, dans une dépêche de Gambetta à Jules Favre, on lisait : « Par suite des rigueurs de la température, notre plus précieuse ressource — les pigeons — nous fait aujourd'hui à peu près défaut. Des essais de départ ont été tentés à plusieurs reprises ; mais le froid et la neige sont pour nos oiseaux un fléau terrible ; on les voit tournoyer quelque temps quand on les a lâchés, puis s'arrêter tout à coup comme paralysés.

*
* *

1° *Le calme de la population et les troubles révolutionnaires*. — Quoique restreinte dans ses relations, la population de Paris ne conservait pas moins sa bonne humeur. Le 25 septembre, un beau dimanche d'automne, elle respirait partout le grand air avec le même entrain qu'en temps de paix. La promenade aux remparts et aux formidables défenses que le Génie militaire et le Corps des Ponts et Chaussées avaient établies aux portes de Paris, était un genre de distraction qui attirait nombre de curieux. Des patriotes de toutes professions, avocats et avoués, médecins, professeurs, commerçants et industriels, architectes, etc., ayant pris malgré leur âge, du service dans les bataillons sédentaires de la Garde nationale, se rendaient eux aussi, et d'un pas alerte, aux fortifications pour y monter la garde.

D'autres citoyens, plus fervents encore, qui s'étaient engagés dans les bataillons de marche, poussaient leur sortie jusqu'à l'avant pour y faire le coup de feu. L'éminent avocat Ambroise Rendu, aujourd'hui doyen du Conseil municipal de Paris, était du nombre; et la vaillante cohorte a trouvé en lui, dans le *Journal de Paris* (juin 1871), un narrateur éloquent de ses hauts faits.

Parmi ces fiers combattants, figurait aussi le professeur agrégé Potain, médecin de l'hôpital Necker : Potain, chéri de tous les étudiants et entouré de tant d'amitiés qu'elles ne se comptaient plus. Un jour, le bruit se répand qu'il est fait prisonnier; et, à l'appui de cette lugubre nouvelle, on ne le voit pas arriver à l'hôpital, alors que, sauf les jours de bataille et ceux de son service aux avant-postes, il ne prive jamais les malades de sa visite. Sa captivité semble donc bien réelle.

Sur ce, la consternation est générale. On commente, on discute, on se désole. — *Prisonnier*, pourtant, ne signifie pas *mort*. — Sans doute; mais sous le coup de l'émotion, les esprits prennent quand même la nouvelle au tragique. Bien à tort, heureusement; car, pendant ces minutes d'angoisse, voici que le voile tombe : la cloche de l'hôpital annonce l'entrée de celui qu'on pleure! Vite, on accourt... C'est bien lui !

Alors, revirement subit des émotions : la

joie éclate et déborde. On acclame, on questionne, on se congratule, tout le monde parle à la fois ! Qui pourrait dépeindre cette scène touchante où les nobles sentiments jaillissent du cœur avec une telle spontanéité? Un des fidèles de Potain, le docteur Watelet, qui est en larmes, ne peut plus se contenir; il baise avec effusion les mains de son maître, le suppliant de tempérer son ardeur et de ne plus courir à l'appel du danger. A quoi ce brave et bon Potain répond : « Mon ami, chacun fait son devoir comme il le comprend ».

De leurs promenades aux fortifications, les curieux revenaient d'ordinaire pleins de confiance, espérant que nos armées de province viendraient un jour attaquer l'ennemi par derrière et nous délivrer.

Il est vrai qu'à ses débuts on ne souffrait guère du siège. Les Prussiens, occupés eux-mêmes à se fortifier dans les environs de Versailles, leur quartier général, s'abstenaient encore de toute agression. Malheureusement, à cette période d'accalmie, nous verrons, en décembre et surtout en janvier, succéder de vraies calamités lorsque, avec les horreurs du bombardement, les grandes pri-

vations et les souffrances d'un cruel hiver
viendront multiplier les deuils et accabler la
population des pires misères.

* *

Sauf le général Trochu, président, les onze
autres membres du gouvernement étaient tous
des députés d'opposition qui avaient plus ou
moins combattu l'Empire et concouru à sa
chute. Les principaux étaient : Jules Favre,
Ernest Picard, Jules Simon, Gambetta, Jules
Ferry et Rochefort. Sans mandat régulier,
s'étant portés eux-mêmes au pouvoir, ces
maîtres du jour manquaient de réelle autorité. C'est pourquoi ils avaient mis à leur
tête le gouverneur militaire de Paris. Mais
ils n'en restaient pas moins quelque peu
dénués de prestige. Bientôt, ils eurent à se
défendre contre les partis extrêmes qui
aspiraient à les remplacer. Le 5 octobre fut,
à cet égard, une journée marquante.

A dix heures du matin, Flourens, entouré
de bataillons révolutionnaires, se portait vers
l'Hôtel-de-Ville et pénétrait dans cet édifice
avec son état-major. Alors, s'adressant aux
membres du gouvernement, et parlant haut,

il leur signifia « les volontés du peuple ». Il
s'agissait : « *premièrement*, de faire une levée
en masse et de marcher immédiatement
contre les Prussiens, *non par petites colonnes*, mais en nombre suffisant pour les vain-
cre ; *secondement,* de convoquer au plus tôt
les électeurs pour la nomination d'une *Commune* qui pourvoirait au salut de la France ».

Devant cette injonction, les membres du
gouvernement pris d'un extrême embarras
finirent tous par déclarer qu'ils donnaient
leur démission ; et Trochu se retirant, quitta
l'Hôtel-de-Ville. Mais ce n'était là qu'une
feinte pour sortir d'une impasse. Flourens
parti, tous ces prétendus démissionnaires
reprirent sans délai leurs fonctions. Ce premier coup d'audace révolutionnaire ne fut
pas moins le prélude d'une série d'attaques
qui, finalement, aboutirent au triomphe éphé-
mère de la Commune.

Le surlendemain, Gambetta investi des
pouvoirs de ministre de l'Intérieur et de la
Guerre, disparaissait en ballon, allant se
joindre à la délégation de Tours. Une foule
de curieux s'étaient portés dès le matin à
Montmartre, pour assister à l'envolée de

l'*Armand Barbès* emportant le futur dictateur. Quelques heures après le départ, le
retour d'un pigeon qui était du voyage vint à
propos calmer les inquiétudes. Toutefois, ce
serviteur empressé ayant perdu sa dépêche
en route, on ne put savoir où avait eu lieu
la descente (1).

Assisté de ses amis Ranc et Spuller, ainsi
que de son conseiller technique de Frey-
cinet, Gambetta s'empressa de commander et
d'agir en maître souverain. S'attribuant le
rôle de généralissime, il dirigea les grandes
opérations de guerre en traçant aux chefs
d'armée le cadre de leur action. Ses deux collègues de la Délégation, Crémieux et Glais-
Bizoin, ne furent plus à proprement parler
que des figurants.

S'adjuger de la sorte un tel pouvoir, c'était
en prendre toutes les responsabilités. Aussi,
malgré la popularité dont il jouissait, Gambetta *dictateur* ne manqua ni de critiques,
ni de censeurs autorisés. Mais, à sa décharge,
il convient de noter qu'en ces temps de

(1) D'après un message ultérieur, on apprit que le ballon
dégonflé avait pris terre dans la forêt d'Epineuse, non loin de
Montdidier, d'où Gambetta se rendit ensuite à Tours par la
voie ferrée.

guerre et de révolution, les Chefs de la Défense, pour affronter les événements, devaient agir avec un ferme esprit de décision et d'autorité.

On a dit qu'en prolongeant la guerre, Gambetta avait sauvé notre honneur militaire. C'est peut-être vrai. Malheureusement, cette prolongation d'une lutte sans espoir fondé nous coûta, outre des milliers de vies humaines, la perte de l'Alsace et d'une partie de la Lorraine. Bismarck, le « Chancelier de fer », nous fit ainsi payer chèrement la ténacité de notre résistance.

Dans Paris, les extrémistes n'avaient pas désarmé. A Montmartre, à Belleville et en général dans toute la région du Nord et du Nord-Est, de nombreux bataillons de la Garde nationale commandés par des révolutionnaires, gardaient une attitude menaçante. Le 8 octobre, place de l'Hôtel-de-Ville eut lieu aux cris de : « Les élections ! La Commune ! La Commune ! » une nouvelle tentative de renverser le Pouvoir, tentative qui d'ailleurs fut vite réprimée.

Le lendemain, le préfet de police, De Kératry, demanda la fermeture des clubs et l'arrestation de Flourens. Averti par Rochefort, Flourens parvint à se mettre en sûreté, et l'interdiction des réunions publiques ne fut pas accordée.

Le 8 octobre, l'attaque avait été promptement déjouée par la capture du commandant Sapia ; mais il en fut tout autrement le 31 où les membres du gouvernement, violemment assaillis, durent subir une grande et périlleuse humiliation politique.

En cette fin d'octobre, Thiers revenu de sa mission près des grandes Cours de l'Europe n'en avait rapporté qu'une proposition d'armistice, conseillée aux belligérants par les puissances neutres. La nouvelle que notre gouvernement était, à cet égard, en voie de négociation, irrita un grand nombre de citoyens qui craignaient que ce fût une façon déguisée de rendre Paris (1). Comme, d'autre

______

(1) Dans le XVIIIᵉ arrondissement (Montmartre), on lisait sur tous les murs :

« La municipalité du XVIIIᵉ arrondissement proteste avec indignation contre un armistice que le gouvernement ne saurait accepter sans trahison.

Paris, le 31 octobre 1870.

Le Maire : G. CLÉMENCEAU.
Les Adjoints : LAFONT, SIMONEAU. »

part, on apprenait à la fois la capitulation de Metz et la reprise du Bourget par les Allemands, la coexistence de ces événements causa dans tous les milieux une émotion des plus profondes.

Profitant du désarroi, les révolutionnaires tentèrent alors un violent assaut contre le pouvoir et, de fait, ils parvinrent un instant à s'en emparer. S'étant rendus maîtres de l'Hôtel-de-Ville, ils tinrent les membres du gouvernement prisonniers, firent acclamer leur déchéance par la foule et constituèrent, comme nouveau gouvernement, un Comité de Salut public composé de Flourens, Félix Pyat, Blanqui, Millière, Ledru-Rollin, Delescluzes, etc., en un mot, de tous les ténors de la sédition. Ce n'est qu'à 3 heures du matin, le 1er novembre, que ce Comité fut déchu à son tour. Grâce à une puissante intervention de la force publique, les prisonniers furent alors délivrés et rétablis dans leurs fonctions (1).

Et dans le camp des exaltés où « la colère bouillonnait au cœur », cette véhémente indignation de Clémenceau était encore dépassée.

(1) Voir, à la fin de « La Guerre » (p. 65) le récit détaillé des incidents de cette journée épique du 31 octobre.

A la suite de ce coup de main qui faillit réussir, le gouvernement sentant son autorité fortement ébranlée, jugea que les acclamations originelles de son pouvoir, au 4 septembre, n'étaient plus une garantie suffisante. En conséquence, les électeurs parisiens furent appelés, dès le 3 novembre, à se prononcer sur la question de savoir s'il avait conservé leur confiance. La population toute entière — même la fraction des réfugiés — prit part au scrutin et répondit en immense majorité par l'affirmative.

Ce renouveau de pouvoir gouvernemental n'empêcha pas les révolutionnaires de tenter encore une attaque le 21 janvier 1871. Celle-ci, en un sens, fut même plus grave que la précédente, car il y eut des coups de fusils tirés sur les officiers de service. Un adjudant-major fut grièvement blessé. Au cours de la nuit, la prison de Mazas avait été envahie, et Flourens délivré par les insurgés. C'est ainsi que s'en était suivie l'attaque contre l'Hôtel-de-Ville. Mais, par l'intervention d'un fort détachement de mobiles bretons, Sapia étant blessé à mort, un capitaine du 101e de marche qui avait commandé le feu fut arrêté avec une douzaine de ses hommes, et l'ordre fut aussitôt rétabli.

A l'exception d'une minorité de factieux constamment en ébullition, la population saine et laborieuse de Paris, malgré ces commotions intérieures de la Cité, gardait assez bien son sang-froid. Son esprit critique restait allègrement en éveil, et ce n'était pas sans quelque malice qu'elle jugeait les actes du gouvernement. Rochefort, ce perpétuel agitateur, ayant été nommé président de la *Commission des barricades*, on trouva cette fois que le titre et la fonction s'adaptaient à merveille au tempérament du personnage (1). On se prit, au contraire, à rire d'une autre nomination attribuant au peintre Courbet la présidence de la *Commission des OEuvres d'art et des Musées*. Ce Courbet — grand peintre assurément — mais hanté dès la première heure par l'idée d'abattre la colonne Vendôme, de la « déboulonner », disait-il ; quelle ironie !

(1) Il ne s'agissait pas, toutefois, des barricades insurrectionnelles, mais de celles qu'on devait opposer à l'entrée éventuelle de l'ennemi.

D'une autre part, singulier étonnement, au geste du préfet de police de Kératry. Dans un rapport en date du 9 octobre, sur l'exercice de ses fonctions, ne n'avisait-il pas de conclure à leur inutilité et, partant, à leur suppression? Elégante manière de démissionner!

C'était, il est vrai, sa réponse un peu rageuse du refus qu'il avait essuyé la veille touchant la fermeture des clubs. On ne fut ensuite pas moins stupéfait d'apprendre que le gouvernement, adoptant les conclusions du rapport, avait supprimé la Préfecture de police.

*
* *

Tous les soirs, des réunions s'improvisaient en plein air, ici et là, sur les boulevards, au Palais-Royal, snr les quais, un peu partout au hasard des rencontres. Entre toutes, celles de la rue Drouot devant la mairie jouissaient d'une grande notoriété. Dans ces sortes d'assemblées, aussi dénuées de président que de tribune et de banquettes, où tout passant pouvait s'arrêter, prendre la parole, et applaudir ou critiquer, on discutait d'ordinaire avec animation les événe-

ments du jour ; et naturellement, le paradoxe
et la fantaisie, les idées les plus bizarres s'y
donnaient carrière aussi bien que les sug-
gestions du bon sens. C'est ainsi qu'évoquant
les guerres de l'antiquité, un citoyen se plut
un jour à rappeler l'emploi des troupeaux de
bœufs qui, le feu sous la queue, devaient se
précipiter en fureur sur l'ennemi et le mettre
en déroute.

Par malheur, nous n'avions plus de bœufs !

La critique des opérations militaires ali-
mentait souvent les discussions. Parfois, on
y réclamait avec chaleur des sorties en masse,
en même temps qu'une fabrication intensive
de canons. A Paris, la maison Cail se livrait
à cette fabrication, et les affûts étaient exé-
cutés dans les ateliers de chemins de fer.
« Des canons ! des canons ! » Ce refrain eut
une période étourdissante de faveur.

Puis, ce fut le tour des espions ; on en
voyait partout. Les malheureux habitants des
étages supérieurs, la nuit venue, devaient
vivre dans l'obscurité. Une lumière aperçue
dans leur intérieur était « sûrement » quelque
signal criminel, et l'imprudent qui l'avait
allumée risquait d'être mis à mal.

Sur la fin, quand notre cause parut définitivement perdue, on entendit aussi résonner les mots traîtres et trahison.

En face de nos malheurs, toutes ces suspicions et ces craintes inconsidérées trouvaient un certain crédit dans les foules et n'étaient pas sans quelque répercussion sur la conduite de nos affaires.

Si, dans les groupes improvisés de la rue, il s'agissait le plus souvent d'un simple échange d'idées sur le ton vif d'une conversation animée, il n'en était pas de même dans les clubs permanents et couverts où l'on préchait plutôt la discorde que l'union entre les citoyens. Ici, les orateurs à grand renfort de gestes et d'éclats de voix développaient leurs vues et s'efforçaient de les faire adopter. J'ai assisté plusieurs fois aux séances du club de l'École de médecine et j'y vois encore un orateur tonner avec frénésie contre les ruses de l'ennemi. « Citoyens, défions-nous de ces astucieux Prussiens qui, un jour de brouillard, tenteront sûrement de nous surprendre. Ah! le brouillard! terrible danger, et aussi les catacombes! Les catacombes, le brouillard, n'en doutez pas, l'ennemi saura s'en servir. Citoyens! veillons, veillons sans relâche ».

Quoique passablement ridicule celui-là. du moins, était un patriote; il ne tirait pas sur des Français,

*
* *

2° *Le bombardement de la ville.* — Le 24 décembre 1870 — j'en trouve la mention dans une de mes lettres — les Allemands commencèrent à *bombarder* nos forts du Sud. Après s'être exercés pendant une douzaine de jours à cette attaque, tout à l'improviste, « sans prévenir les inoffensifs et les neutres », ce fut sur la ville qu'ils lancèrent une pluie de projectiles. Et sans interruption, jour et nuit, le feu continua les semaines suivantes, parfois avec une telle violence que, du 8 au 9 janvier, le quartier de l'Odéon recevait un obus toutes les deux minutes.

Nos hôpitaux, nos églises, nos établissements scientifiques semblaient être visés de préférence. Mais, on le pense bien, les maisons particulières n'en étaient pas moins souvent atteintes. Rue de Vaugirard, l'Institution

Saint-Nicolas dirigée par les Frères de la Doctrine chrétienne, reçut un obus qui, après avoir traversé la toiture, éclata dans un dortoir où reposaient douze élèves ; cinq de ces malheureux enfants furent tués et les sept autres plus ou moins grièvement blessés. Nombreuses furent les victimes de tout âge ainsi atteintes dans leurs domiciles, quelquefois dans leurs lits.

Pendant la nuit du 8 au 9 janvier, l'hôpital de la Pitié fut, comme l'Odéon, criblé d'obus. Dans une salle de médecine affectée au traitement des femmes, les projectiles firent une morte et deux grandes blessées.

Le Val-de-Grâce, la Maternité, Cochin, la Salpétrière, le Muséum, Saint-Sulpice, l'hôpital des Enfants-Malades, les Lycées de la Rive Gauche, etc., etc., reçurent tous un nombre variable d'obus. Comme ceux-ci parvenaient à peine jusqu'à la Seine, la Rive droite n'avait pas à en souffrir. Aussi, vit-on à certain moment, émigrer sur cette rive un bon nombre d'habitants des régions bombardées.

En raison de sa proximité des remparts, l'ambulance de la Glacière dont j'avais la direction, se trouvait particulièrement exposée aux coups de l'ennemi. Mais le tir étant surtout dirigé vers le centre de la ville, elle ne fut en fait que fort peu touchée. Néanmoins, au premier obus reçu, ne sachant pas le sort qui lui était réservé, je crus bon d'assurer en cas de nécessité, sa prompte évacuation. A ce sujet, m'étant adressé à l'Intendance, j'en reçus cette réponse à encadrer: « N'ayez crainte; vu la faible épaisseur des murs, les obus ne feraient que passer à travers ». — « Merci; c'est-à-dire qu'il ne faudra pas se mettre sur leur passage pour les empêcher de traverser » !

La joviale réponse qui me fut faite montre du moins qu'en ce temps-là, malgré de quotidiennes alarmes, on avait encore la plaisanterie facile. Oui, mais pourtant, pas à tout propos, ni avec tout le monde. Trochu, un jour, le fit bien voir aux Allemands. Comme ceux-ci se plaisaient à bombarder le Val-de-Grâce, il y fit transporter tous leurs blessés prisonniers; après quoi, il les avisa que désormais les obus qui tomberaient sur cet Établissement ne pourraient faire d'autres victimes que des Prussiens Et les bombardeurs se le tenant pour dit, le Val-de-Grâce fut ensuite épargné.

Dans une lettre datée du 7 janvier, que l'on trouva sur un prisonnier bavarois, on lisait : « Le feu a été ouvert par nos gros canons de siège. On aurait pu croire que le jugement dernier était arrivé. En l'espace d'une heure et demie quatre-vingt-neuf obus ont été lancés du poids de 24, 60, 110 et 219. Dans la seule journée d'aujourd'hui, nous avons lancé huit mille obus. On lancera dans la nuit huit mille bombes incendiaires ».

Heureusement, bon nombre de ces projectiles restaient sans effet nuisible. Dans mes allées et venues touchant mon ambulance de la Glacière, j'ai vu plus d'une fois des obus se perdre, tantôt dans des jardins de la rue de la Santé, tantôt sur la chaussée du boulevard Arago ou sur celle de la rue d'Arras.

Sans ralentir leur cruel bombardement de Paris, les assiégeants commencèrent le 21 janvier celui des fortifications et de la ville de Saint-Denis; et sans arrêt, ils continuèrent avec rage jusqu'à l'armistice. Ils ne possédaient pas encore leur monstrueuse « Bertha » de la dernière guerre. On se demande à quelle orgie de destruction ils se seraient livrés, s'ils avaient pu disposer de cet infernal engin. Des hauteurs de Châtillon où ils avaient installé leurs principales batteries, ils auraient sans doute, après Paris, foudroyé Montmartre.

Contre leurs procédés barbares, on vit s'élever de toutes parts de véhémentes protestations. Celles de Chevreul et de Pasteur, particulièrement acerbes sont bien connues. Toutes celles que lancèrent les médecins et les chirurgiens des hôpitaux expriment aussi leur vive indignation. A son tour, le Corps diplomatique et consulaire envoya la sienne au chancelier de Bismarck, lui reprochant de bombarder Paris sans sommation préalable.

Si violent qu'ait été ce bombardement des Prussiens, on aime à constater qu'ils ne parvinrent pas à s'emparer des forts que défendaient les marins de notre flotte de guerre.

*
* *

3° **Nos tentatives de délivrance.** — L'ennemi, en nous tenant rigoureusement encerclés, ne cherchait pas à s'emparer de Paris par la force; il n'y serait pas parvenu. Son intention manifeste était d'y arriver par la famine. Aussi, pendant les trois premiers mois du siège, tout en prenant ses dispositions pour le bombardement final, ne fit-il à proprement parler que se tenir sur la défensive en se bornant à repousser nos attaques.

Au début, nos *sorties* que les clubs réclamaient à grand tapage, n'étaient que des *reconnaissances* pour nous renseigner sur les forces et l'activité de l'assiégeant. La première eut lieu dès le lendemain de l'investissement, vers Châtillon et Clamart. Un engagement très vif, d'abord à notre avantage, nous permit de faire des prisonniers et d'enclouer huit canons. Mais ensuite nos troupes, violemment assaillies, furent forcées de se replier sous un feu meurtrier qui mit le désordre dans leurs rangs.

J'ai assisté au défilé des prisonniers sur le boulevard Saint-Michel. La foule les regardait avec une avide curiosité. Oh! ce n'était pas la revanche de Sedan; ils atteignaient à peine la douzaine, — et le roi Guillaume n'était pas du nombre!

Le 30 septembre, une autre affaire se déroula sur le plateau de Villejuif. Cette fois, ce fut une vraie bataille qui, après nous avoir été un moment favorable, tourna promptement ses rigueurs contre nous. Sous la pression irrésistible de grands renforts accourus au secours de l'ennemi, nous dûmes renoncer à la lutte après avoir subi de grosses pertes en tués et en prisonniers.

Ce grave échec eut, dans toute la population, un profond et douloureux retentissement.

Près d'un mois plus tard, le 28 octobre, une attaque hardie dirigée par nos marins sur le Bourget nous rendit maîtres de cette localité. Succès hélas! bien modeste, car deux jours après, le Bourget nous était repris.

Et ce qui advint de nos attaques subséquentes, on en pourra juger d'après le court aperçu qui suit touchant les deux principales, à savoir: celle de Champigny le 30 novembre 1870, et celle de Buzenval-Montretout le 19 janvier 1871.

Champigny. — Vers le 25 novembre Gambetta, décidé à secourir Paris par Montargis, fit savoir à Jules Favre qu'il y emploierait toutes ses forces. Ainsi avisé, Trochu résolut de seconder ce mouvement par une action énergique sur la Marne dans la région de Champigny; et le général Ducrot fut chargé d'en assurer l'exécution.

En conséquence le 29, au petit jour, une proclamation enflammée, toute vibrante d'héroïsme, annonçait aux Parisiens qu'un effort décisif de délivrance était en voie de s'accomplir. *Le sort en est jeté, la victoire ou la mort!*

Grande émotion dans la Capitale. On est anxieux dans l'attente des événements. Les opérations devaient, en effet, commencer à l'aube. Les troupes avaient été mises en mouvement dès la veille au soir. Mais à minuit, au moment de franchir la Marne, stupéfiante et cruelle déconvenue! Le pont jeté sur la rivière n'atteint pas la rive opposée; *il est trop court!*

Au prix de multiples inconvénients, il fallut différer l'attaque.

Le lendemain, quand l'action fut reprise, l'ennemi ayant eu vingt-quatre heures pour préparer sa défense, nous avions ainsi perdu tout le bénéfice de la surprise. Néanmoins, nos troupes, les mobiles bretons surtout, bondirent à l'attaque avec une si belle ardeur qu'elles s'emparèrent rapidement de Champigny, de Villiers, de Bry-sur-Marne; et la lutte se continua jusqu'à la nuit, nous rendant maîtres de toutè la région.

A la suite de ce succès notre armée, réparant ses pertes, reste le 1er décembre sans combattre. Le lendemain, les Allemands qui dans la nuit ont reçu de puissants renforts, nous attaquent avec fougue et manœuvrent pour jeter nos troupes dans la rivière. Ce n'est qu'à force de courage et de vaillance que celles-ci parviennent à garder leurs positions. A partir de ce moment, il ressort avec évidence que nous ne parviendrons pas à forcer les lignes prussiennes; et Ducrot donne sagement l'ordre de repasser la Marne.

Ainsi, après la perte de plusieurs milliers de combattants, nous voici revenus comme auparavant dans l'enceinte de la Cité.

Cependant, le désir d'obtenir un succès *décisif* était si aigu qu'après la première journée de bataille, on se mit partout à crier : Victoire! Les fausses nouvelles renchérissant, celle de la percée du cordon d'investissement circula ouvertement dans Paris. Le gouvernement partagea cette illusion, ainsi que l'atteste un échange de félicitations. Il n'est pas jusqu'à

Gambetta qui n'ait chargé un pigeon de transporter à Paris cette dépêche pompeuse :

« La résistance de Paris remplit le monde entier d'admiration. Les Prussiens sont démoralisés. La victoire de Trochu a soulevé l'enthousiasme général en province ».

Quant à l'armée de Gambetta, cette armée de la Loire qui devait nous secourir et s'avançait vers nous, malgré les prodiges de vaillance déployés les 2 et 3 décembre à Loigny et à Patay par les troupes de ligne et les zouaves de Charette, elle ne put briser la résistance de l'ennemi. Bien plus, elle finit par être battue et refoulée jusqu'au Mans.

A la suite de cette défaite, la Délégation de Tours jugea prudent de s'éloigner et se retira, le 8 décembre, à Bordeaux.

Buzenval-Montretout (19 janvier 1871.) — Dans cette dernière tentative de délivrance qui, de toutes, fut la plus importante (effort suprême sur la fin de nos vivres), trois colonnes commandées par les généraux Vinoy, de Bellemarre et Ducrot composaient notre armée forte de cent mille hommes. Les bataillons de marche de la garde nationale, de même que les troupes de ligne et la garde mobile s'élancèrent au combat avec un entrain magnifique. A 10 heures, l'ennemi était débusqué de ses positions et le drapeau tricolore flottait sur la redoute de Montretout. D'une autre part, nos troupes victorieuses envahissaient le parc de Buzenval. Le Mont Valérien lançant ses projectiles tonnait sans relâche ; et, aux éclats de sa voix formidable, nous faisions des prisonniers.

Ah ! quel enthousiasme dans les rangs de la garde nationale ! Quelle farouche ardeur au combat !

C'était trop beau ; vite, la mauvaise fortune se pressa d'accourir avec les gros renforts ennemis. Lorsque, sur la fin du jour, ceux-ci entrèrent en ligne, il nous fallut sous la pression de leur masse revenir en arrière abandonnant le terrain conquis après douze heures d'une lutte acharnée. Et la bataille continua encore les deux jours suivants, mais avec plus de perte que de profit pour nous.

Aussi ardente à résister qu'elle avait été impétueuse dans l'attaque, la garde nationale paya chèrement son héroïsme.

Le marquis de Coriolis qui, à 67 ans, s'était

engagé comme volontaire ; le jeune peintre déjà célèbre, Henri Régnault ; le virtuose Pérelli ; le commandant de la Rochebrune, et bien d'autres encore trouvèrent dans cette bataille une mort glorieuse. Un jeune financier, mon commensal de pension, âme ardente et généreuse qui s'était précipité avec fougue au combat y fut tué en compagnie de nombreux émules. Didier Séveste, de la Comédie française, grièvement blessé, dut être amputé d'une jambe par Nélaton, au foyer même de son théâtre converti en ambulance.

Nos pertes, dans cette malheureuse affaire, s'élevèrent à près de cinq mille hommes, tués, blessés et prisonniers.

De même, et plus encore que les précédentes, cette dernière défaite causa dans tout Paris une douleur profonde, mêlée de mécontentement envers Trochu. On lui reprochait son manque de confiance et l'abandon trop hâtif de la lutte. Devant ces plaintes, le surlendemain, tout en gardant la présidence du gouvernement, il se désista du commandement en chef de l'armée. Le général Vinoy qui s'était distingué dans diverses opérations, en particulier dans sa belle retraite de Sedan, fut désigné pour son successeur.

Ainsi, dans toutes nos sorties, il arriva que l'ennemi, surpris et battu le matin, devenait dès le soir, grâce à de puissants renforts, définitivement le vainqueur. Ce rythme de nos insuccès fut exactement le même que celui de nos défaites en province. Il en ressort clairement que l'armée de Paris n'était pas plus de force à rompre le cercle des assiégeants, que ceux-ci ne l'étaient eux-mêmes de prendre Paris par les armes.

*
* *

4° **Les vivres**. — Toute ville qui subit un investissement prolongé est forcément condamnée à souffrir de la faim. Paris, avec ses quatre mois de siège, ne pouvait éluder cette loi. Des provisions avaient été faites en vue de deux à trois mois, durée que l'on espérait suffire pour atteindre la délivrance. Mais à cette prévision les déconvenues ne manquèrent pas.

Un grand troupeau de bœufs avait été formé au champ de courses du bois de Boulogne. A l'approche des Prussiens, on jugea prudent de l'amener à l'intérieur, et il fut parqué dans le jardin du Luxembourg. C'était fort bien ; mais on n'avait pas songé à la peste bovine. Cette maudite maladie ayant envahi le troupeau, il fallut abattre ces précieuses bêtes en masse et presque sans profit.

Des chevaux de service nous restaient en assez grand nombre, surtout ceux de la Compagnie générale des voitures. Le moment arriva où, faute de grains et de fourrages, on dut les sacrifier successivement à leur tour. Ce fut là, pendant une partie du siège, une ressource fort appréciée de ceux qui avaient le moyen d'en user ; mais, vu les hauts prix de la viande, elle n'était pas accessible au gros de la population. Une ressource du même genre, hélas ! bien trop restreinte, fut celle des animaux du Jardin des Plantes et de ceux du Jardin d'Acclimatation.

En décembre, quand commença le bombardement, tous les produits ordinaires de boucherie étaient à peu près épuisés. Alors s'ouvrit boulevard de Charonne, à Belleville, une boucherie de chiens où se débitaient viandes de Terres-Neuves et de « Loulous » ;

contingent nouveau d'alimentation qui, malheureusement, n'était pas même l'équivalent d'une sardine dans l'estomac d'une baleine.

Après les chiens, ce fut le tour des rats. Un restaurant de mon voisinage — un de ceux où « l'on consulte le Bottin » — en offrait à ses clients sous le pseudonyme d'*écureuils des Indes*.

Jamais je n'ai mangé de rat, à moins que ce soit à mon insu ; mais j'ai mangé du chien, du vrai gigot de Terre-Neuve qui, d'ailleurs, me parut très médiocre. La viande de cheval, et surtout celle de l'âne, était en comparaison un vrai régal.

Le 31 octobre, pendant que les révolutionnaires à l'Hôtel-de-Ville tentaient de s'emparer du pouvoir, un savant illustre, le chimiste Frémy de l'Académie des sciences, proposait d'introduire dans l'alimentation un nouveau produit qu'il dénommait *osséine*. « Cette substance, disait-il, ne doit pas être confondue avec la gélatine. Tandis que celle-ci est complètement soluble dans l'eau, l'osséine ne s'y dissout pas et constitue un produit véritablement organisé ». Et Chevreul, et J.-B. Dumas d'applaudir vivement à la suggestion de leur collègue. Payen, renchérissant, s'empressa même d'ajouter : « L'acide gastrique agit très bien sur le tissu organique des os; l'osséine peut donc entrer sûrement dans l'alimentation ».

Avec cette osséine un industriel avait fabriqué de petites saucisses d'un aspect assez engageant. Il m'en advint, je ne sais par quel privilège, un échantillon que je trouvai à mon goût, ce qui m'incita à en acheter. Oui, mais les saucisses offertes à l'Académie étaient du *nec plus ultra*, alors que celles du commerce n'étaient que des malvenues, des rogatons dénués de suc. Les échantillons de l'Académie étaient savoureux et non indigestes en raison de la graisse et du condiment qui leur avaient été incorporés, tandis que les saucisses mises en vente, privées de ces éléments et semées de parcelles d'os non ramolli, craquaient sous la dent et révoltaient l'estomac. Bref, l'expérience était concluante, et je m'en tins là.

Le 18 janvier 1871, juste quatre mois après le début du siège, le pain bis était rationné à raison de trois cents grammes par tête d'adulte. Les pommes de terre généralement

détestables ne comptaient plus. La provision
de riz n'était pas encore entièrement épuisée;
mais ce qui depuis longtemps faisait complètement défaut, c'étaient les substances qui ser-
vent d'assaisonnement, surtout les graisses
si nécessaires à la préparation de certains
aliments. Cette absence totale de beurre,
d'huile et de saindoux était une lacune fort
grave que ne devraient pas oublier les auteurs
futurs d'approvisionnements. Les procédés
pour la conservation prolongée de ces substances ne manquent pas; il suffira de prévoir
et de s'y prendre à temps.

A quelques jours de là, c'en était fait :
toutes les provisions étant épuisées, le pain
fabriqué avec des balayures de grenier n'était
plus qu'un produit âcre, offensant l'estomac,
et d'ailleurs presqu'inmangeable. La famine
commençait à montrer sa hideuse figure.

IV

L'ARMISTICE ET LA PAIX

En janvier 1871, pendant que les Allemands s'acharnaient à bombarder les villes de Paris et de Saint-Denis, Chanzy, commandant l'armée de l'Ouest, perdait la bataille du Mans et se réfugiait à Laval. De son côté, l'armée du Nord avec Faidherbe, après avoir été victorieuse à Bapaume, se faisait battre à Saint-Quentin et se retirait dans la région de Douai. Il restait l'armée de l'Est commandée par Bourbaki. Mais, selon le rythme de nos défaites au cours de cette guerre, après avoir remporté à Villerxexel un important succès, il ne tarda pas lui-même à être vaincu aux environs de Belfort.

Dès lors, avec son armée impuissante, quel espoir Paris pouvait-il conserver d'être délivré par la force? En ordonnant la retraite à Buzenval-Montretout, Trochu n'eut-il pas raison de mettre fin à un combat meurtrier dont l'enjeu, pour nous, était devenu sans portée? J'estime qu'au lieu du blâme, il méritait la louange pour cet acte de clairvoyance et d'humanité.

Nos dernières réserves en subsistances allaient être épuisées et la famine apparaître avec ses horreurs. En telle extrémité, quel parti raisonnable pouvait-on prendre, sinon se résigner à la demande d'une suspension d'armes? C'est ce que fit le Gouvernement. Et le 28 janvier, en annonçant la signature d'un armistice, il ajoutait dans sa proclamation :

« Paris veut être sûr que la résistance a duré jusqu'aux dernières limites possibles. Nous montrerons que nous ne pouvions prolonger la lutte sans condamner à une mort certaine, deux millions d'hommes, de femmes et d'enfants ».

Le soir même, des groupes nombreux se formèrent sur le trottoir et la chaussée des rues. Devant la mairie de la rue Drouot, ce fut l'affluence des grands jours. Une certaine agitation régnait dans ces réunions où la décision du Gouvernement était vivement commentée. « Avant de se rendre, Masséna mangera ses bottes », disait-on au blocus de Gênes. Nos Outranciers eussent voulu que Trochu montrât pareille énergie. L'ordre, toutefois, ne fut pas troublé.

Dans le protocole de l'armistice, il était spécifié qu'une Assemblée Nationale serait convoquée sans retard. Cette assemblée, élue le 8 février 1871, tint sa première séance le 13 au Grand-Théâtre de Bordeaux. Thiers qui, dans vingt-huit départements, était du nombre des élus, fut nommé par elle Chef du nouveau gouvernement, et Jules Favre garda le portefeuille des Affaires Étrangères.

*
* *

L'armistice ne nous assurait qu'un calme transitoire. Pour arriver à la paix définitive, il restait encore de terribles passes à franchir. Ce fut la discussion des préliminaires entre Thiers et Jules Favre d'une part, et le chancelier de Bismarck d'autre part ; débats pour nous pleins d'amertume et parfois douloureux jusqu'à la révolte. C'est que ce

« chancelier de fer » méritait bien son surnom ; il n'était pas tendre, ni ses conditions non plus. « Nous les avons discutées pied à pied, disait Thiers à l'Assemblée de Bordeaux, parfois avec désespoir, avec larmes » ; et, « la mort dans l'âme, ajoutait Jules Favre, nous fûmes forcés de les adopter ».

On sait que l'indemnité de guerre avait été fixée à cinq milliards de francs (chiffre énorme pour l'époque) et que, plus exorbitante encore, devait être notre perte de territoire.

A ce sujet, j'ai souvenir de l'importance capitale que, non sans raison, nous attachions à la possession de Belfort. Cette place forte, en effet, constitue la seule défense d'une région de notre pays pleinement ouverte : *la trouée de Belfort*. Or, Belfort faisant partie de l'Alsace, l'impitoyable Bismarck exigeait l'Alsace intégrale. Que d'arguments et de paroles nos négociateurs ne durent-ils pas dépenser pour lui arracher la concession de cette forteresse ! Encore n'en fut-il ainsi que moyennant une compensation, pour nous aussi douloureuse que redoutable : *l'entrée de l'armée prussienne dans la Capitale.*

Cruelle alternative ! Pour garder Belfort à la France, il fallait que Paris subît l'humiliation et le très grave danger d'une occupation ennemie. Les Allemands au contact d'une population si dûrement éprouvée par le siège, c'était comme du feu près d'une poudrière. Le moindre incident pouvait provoquer une explosion terrible ; d'autant plus qu'outre les exaltés, un bon nombre de gens irréfléchis voulaient la continuation de la guerre.

Le 1er mars, à 11 heures du matin, après une revue passée par « l'empereur » Guillaume à l'hippodrome de Longchamp, les trois divisions de l'armée allemande qui devaient occuper Paris vinrent prendre leurs quartiers aux Champs-Elysées, ainsi qu'au Trocadéro et dans la plaine Monceau. Heureusement, il avait été stipulé que le séjour des troupes prendrait fin dès que les préliminaires de paix auraient été ratifiés par l'Assemblée nationale. C'est pourquoi Thiers montant jusqu'à trois fois à la tribune mit une insistance passionnée à les faire adopter d'urgence. Sous le coup d'une indicible émotion : « Jamais s'écria-t-il, plus grands dangers n'ont exigé plus prompte délibération ».

Le lendemain même, 2 mars, la ratification ayant eu lieu, ce fut un amer désappointement pour les envahisseurs qui comptaient sur une discussion d'au moins huit jours. Le grand-duc de Mecklenbourg qui avait fait demander, pour le 4, dix-sept lits au Palais de l'Elysée, en fut pour ses frais. Dès la veille — moins de 48 heures après leur entrée — les troupes ennemies avaient dû évacuer les quartiers où elles se trouvaient réparties.

Grâce au patriotisme éclairé des habitants et au cordon d'isolement qu'une partie de la garde nationale avait formé contre les révolutionnaires et les exaltés, la présence des Allemands ne fut marquée par aucun incident.

La Capitale se trouvant ainsi délivrée, l'Assemblée nationale quitta Bordeaux et vint siéger à Versailles.

Quant aux négociations pour la conclusion définitive du traité de paix, elles furent ensuite poursuivies à Bruxelles « sur la base des préliminaires ».

V

RÉCIT COMPLÉMENTAIRE

Ce que fut la journée révolutionnaire
du **31 Octobre 1870** (*voir p. 35*).

Journée inénarrable, pleine d'agitation, de tumulte et d'incidents de haute gravité qui mirent Paris en grand émoi. Trois exemples de nos malheurs, parvenus coup sur coup à la connaissance du public, furent la cause de cette effervescence « scandaleuse ».

Dès la matinée, des groupes de mécontents s'étaient portés vers l'Hôtel-de-Ville. Dans l'après-midi, l'affluence devint telle que bientôt la place, les quais, la rue de Rivoli se trouvèrent remplis d'une foule hostile qui criait éperdûment: « Vive la Commune! Pas d'armistice! La guerre à outrance! » C'est en vain que, devant une porte du palais, Jules Simon, debout sur une chaise, s'évertue de calmer ces énergumènes ; ils n'en crient que plus fort : « A bas l'endormeur » ! Et Simon, peu flatté de cet accueil, se hâte de rentrer en emportant sa tribune improvisée.

Exaspérée de ne pas recevoir une réponse à son gré, cette multitude délirante finit par user de violence ; elle s'ouvre de force une entrée et s'y précipite comme un torrent. Brisant meubles et vitres sur son passage, elle envahit bruyamment toutes les parties de l'édifice.

Le *salon jaune* où délibère le gouvernement n'est pas plus épargné que les autres. Sous la pression d'un groupe, la porte s'ouvre avec fracas et la cohue s'y engouffre dans le plus grand désordre, insultant et bousculant les membres du Conseil.

Alors se déroulent des scènes que l'on qualifierait volontiers de burlesques ou d'héroï-comiques, si la dignité souveraine de la patrie n'était pas en cause.

A cette tourbe de forcenés, Trochu s'efforce en effet, de donner des explications, mais le vacarme est tel qu'on ne l'entend pas. La sonnette présidentielle n'étant plus qu'un simple joujou, on la remplace par un tambour.

Vaine substitution! Les paroles de Trochu tombent dans le vide, et l'entente entre le Pouvoir et la sédition n'en est pas mieux assurée.

Vers 6 heures du soir, nouveau décor, gros événement !

Tout à coup surgit Flourens avec un détachement de ses tirailleurs et la rudesse d'un conquérant. D'autres chefs de la démagogie sont aussi présents, qui encouragent leurs troupes. Ils se réunissent en conciliabule dans une salle voisine et décident qu'il « faut en finir avec ce gouvernement de traîtres qui reste inerte et perd la France ». Alors, Flourens rentrant dans le salon jaune, monte tout botté sur la table et, s'y tenant debout, fait acclamer par la foule la déchéance des « hommes de septembre ». Puis, sans désemparer, il proclame l'existence d'un nouveau gouvernement : le *Comité de salut public*, composé de Félix Pyat, Delescluze, Blanqui, Flourens, Millière, Ledru-Rollin, etc., avec Dorian comme président. Et, toujours debout sur la table, il fait garder à vue les membres du gouvernement « déchu » ; après quoi, il se hâte d'envoyer à l'Imprimerie nationale la notification officielle de l'existence du Comité de Salut public, avec ordre de la faire afficher dans tout Paris.

Pendant ces scènes de violence — suivant le *Journal de Paris* (3 novembre 1870) — Garnier-Pagès se serait, paraît-il, évanoui. Jules Simon luttait courageusement contre sa propre émotion. Trochu et Jules Favre gardaient un extérieur calme et digne. Ils étaient assis l'un près de l'autre devant la table des délibérations. Quant à Jules Ferry, il semblait braver l'orage. A Flourens demandant la démission écrite des ministres, il répondit : «Nous ne la donnerons qu'au peuple assemblé dans ses comices, et non point à un groupe de factieux ».

Le général Tamisier, Commandant supérieur des gardes nationales, était aussi parmi les prisonniers. Ernest Picard, au contraire absent, s'était depuis longtemps retiré dans son ministère des Finances pour y travailler. Et Rochefort, sans doute étonné de se voir au nombre des hommes d'ordre, n'avait pas manqué aux premiers grondements de l'insurrection de passer dans le camp des révoltés.

A 8 heures, violent coup de surprise ! Le

commandant Ibos du 106e bataillon, tout fré-
missant, fait brusquement irruption dans la
salle avec une vingtaine de ses gardes nationaux qui, voyant Flourens debout sur la table,
le menacent de mort. Ibos, plein de colère,
s'élance lui-même sur cette table et prend le
factieux vivement à partie. Minute pathétique!
Ces deux chefs, entourés de leurs hommes,
vont-ils en venir aux mains et s'entre-déchirer?
Tandis qu'ils s'injurient à grand renfort de
gestes, et que la cohue s'agite aux alentours,
Trochu et Ferry profitant habilement de ce
désordre, parviennent à s'esquiver et s'éloi-
gnent de l'Hôtel-de-Ville. Cette fuite, on va
le voir bientôt, servira d'utile secours à la
restauration de l'ordre.

De leur côté, les tirailleurs de Flourens et
les gardes nationaux d'Ibos étaient entrés en
lutte. Le vieux Blanqui dont ceux-ci s'étaient
emparés, fut bientôt repris par leurs adversaires
qui, supérieurs en nombre, restèrent finalement les vainqueurs. Et Ibos, réduit lui-
même au silence, dut partager le sort des cap-
tifs.

Quoique furieux d'avoir laissé s'échapper
deux prisonniers, Flourens, le héros néfaste

du jour, n'était pas moins devenu maître de tout le palais. Alors Millière, accompagné de Ranvier, lui proposa de signer un ordre d'arrestation des membres du gouvernement déchu. « Signer serait facile, répond-il, mais exécuter le serait moins. Je n'ai à ma disposition immédiate que mes 500 braves tirailleurs. C'est insuffisant pour tenir l'Hôtel-de-Ville et conduire à Mazas l'ex-gouvernement. Tout ce que je puis faire, c'est de continuer provisoirement à le garder sous ma main. »

Et ce disant, le triomphateur de la journée craignant, non sans raison, quelque retour offensif, va s'assurer de toutes les issues du vaste édifice. Laissant à la surveillance étroite des prisonniers une soixantaine de ses tirailleurs; il se rend avec les autres aux différentes portes et les y installe en bonne garde. Mais, si attentif qu'il soit, sa prévoyance sera quand même en défaut.

Pendant que Flourens se livre à cette opération de sécurité, voici en effet qu'émergeant d'une trappe, des hommes tout armés sortent de terre! et d'un pas précipité se répandent, l'air farouche, dans toutes les directions. Il en sort ainsi sans arrêt — ô prodige! — deux gros bataillons. Ce sont des mobiles bretons que Trochu vient de lancer à l'attaque de la sédition. De la caserne Lobau toute voisine, ils ont pu pénétrer en plein Hôtel-de-Ville par une voie souterraine dont Flourens ignorait l'existence (1).

Pris ainsi à revers avec ses troupes, le chef révolutionnaire n'est pas en force pour résister ; il doit se rendre, et *il se rend*.

Ce n'est d'ailleurs pas tout encore. Une autre force de la Défense Nationale va bientôt intervenir à son tour.

Apprenant dans son ministère les graves événements de l'Hôtel-de-Ville, Ernest Picard s'était aussitôt mis en campagne. Le voici qui se rend au quartier de la place Vendôme et fait battre la générale sur les grands boulevards ainsi que dans les arrondissements du Centre. Les gardes nationaux, accourus en foule, forment bientôt par leur nombre une véritable armée dont Ferry, s'improvisant général, prend le commandement. Et cette armée étant

____

(1) Avant que Paris fût investi, Trochu y avait appelé un corps de cent mille mobiles bretons. C'est cette troupe fidèle et disciplinée qui, pendant toute la durée du siège, devint le principal défenseur de l'ordre et du gouvernement.

mise en mouvement arrive pleine de décision, à 3 heures du matin sur le théâtre des événements. L'Hôtel-de-Ville est immédiatement cerné et tous ses abords solidement occupés. Alors Ferry, en tête d'un détachement de ses gardes, y pénètre et interpellant Flourens :

« J'ai là cinquante mille hommes, lui dit-il, vous ne pouvez rien contre eux ; rendez-vous ».

— « Je n'ai pas attendu votre sommation pour capituler, répond l'ex-vainqueur. Nous ne vous combattons pas ».

Voilà donc que, par un retour subit de fortune, les rôles sont complètement changés. A partir de ce moment, les prisonniers : Jules Favre, Garnier-Pagès, Jules Simon, le général Tamisier et le commandant Ibos redeviennent libres et recouvrent leur autorité.

Par contre, ce n'est pas sans quelque terreur que les membres du gouvernement « de Salut public » apprennent que ce sont eux, maintenant, les *déchus* et les *prisonniers*, quand Flourens vient jeter dans leur assemblée cet aveu glacial : « Les mobiles bretons, fusils chargés, baïonnettes croisées, figures menaçantes, sont massés au fond de la cour. *Nous ne sommes pas en état de les com-*

battre ; il est inutile de nous faire tuer ».

A vrai dire, le sort de ces fauteurs de sédition n'est pas encore réglé. Comment s'échapperont-ils de l'incendie qu'ils ont allumé ? Au dehors, c'est par d'immenses acclamations que les gardes nationaux de Ferry viennent d'accueillir Trochu passant sur le front des bataillons. Ces hommes sont très surexcités et ne voudraient pas laisser les perturbateurs impunis. Mais ceux-ci, hier des lions, sont devenus des moutons. Ne pouvant plus comploter, ils demandent, en même temps que leur grâce, protection contre les grondements du dehors. Et le gouvernement réintégré, « voulant à tout prix éviter une collision en face des Allemands », accède par « mansuétude » — disons plutôt par *faiblesse* — à leur désir.

En conséquence, la captivité de ces professionnels d'émeute ne sera pas maintenue. Tous sortiront de l'Hôtel-de-Ville, accompagnés et bien protégés ; Blanqui au bras du général Tamisier !

— A bien considérer cette journée du 31 octobre, elle apparaît comme un vrai drame révolutionnaire, heureusement non sanglant, qui se déroule en trois actes bien nourris. Rien n'y manque. Avec son prologue, ses intermèdes et son épilogue, on trouverait plutôt qu'il y a surabondance de matière.

DEUXIÈME PARTIE

LA COMMUNE (1871)

I

LE COMITÉ CENTRAL ET LA RÉVOLUTION

Paris, délivré des Prussiens, ne l'était pas des révolutionnaires qui restaient armés et se montraient menaçants. Munis d'une centaine de canons dérobés à l'Etat, ils les avaient braqués sur la ville dans la pensée de s'en rendre maîtres.

Les chefs de ces révoltés étaient des officiers de la garde nationale, se disant les élus de deux cent quinze bataillons confédérés dont ils formaient le *Comité Central*. Faisant une tournée d'inspection dans leurs parages, les généraux Lecomte et Clément Thomas furent arrêtés à Montmartre, puis fusillés aux premières heures du 18 mars 1871.

Ce fut là le début sanglant de l'insurrection.

En décrétant, dès le 12 mars, la suspension de trois journaux démagogiques, Thiers avait en même temps évoqué l'affaire du 31 octobre (séquestration des membres du Gouvernement), devant un Conseil de guerre où Flourens et Blanqui furent condamnés, par contumace, à la peine de mort. Il voulut aussi en finir avec ces hommes du Comité Central qui ne représentaient que des doctrines communistes. En conséquence, des troupes furent dirigées sur Montmartre, Ménilmontant et toutes les hauteurs qui étaient armées de canons. La plupart de ces engins purent être repris, mais non sans combat. Dans la lutte il y eut des morts, entre autres le chef d'escadron des gendarmes et un capitaine de chasseurs à pied.

Pendant ce temps, l'insurrection s'étendait

rapidement à toute la zone excentrique et gagnait même quelques points du centre. Partout s'élevaient des barricades. Non seulement, des gardes nationaux en grand nombre se rangeaient dans le parti des révoltés, mais des soldats de l'armée régulière faisaient défection ; tel le 120e de ligne qui se laissa désarmer par l'émeute.

A ce début, la confusion fut extrême.

Par contre, dans les arrondissements du Centre, les défenseurs de l'ordre accouraient bravement à l'appel de la générale. Des bataillons campaient tout armés sur les boulevards, à la Bourse, place Saint-Germain-l'Auxerrois, etc. Thiers, aux Affaires Étrangères, était gardé par des troupes massées dans les jardins de l'Hôtel.

Le lendemain 19, les généraux Chanzy et de Langourian, qui arrivaient à Paris, furent arrêtés à la gare d'Orléans et conduits au milieu des vociférations et des violences à la prison de la Santé (1).

(1) Dans son livre intitulé : « Souvenirs d'un ancien Directeur des prisons de Paris (*Imprimerie H. Louvet, 1894*), A. Lefébure a raconté les divers incidents de leur détention et de leur mise en liberté.

Ce même jour, devant les progrès de l'insurrection, le Gouvernement ne se sentant plus en sûreté à Paris, tous ses membres se retirèrent à Versailles aux côtés de l'Assemblée nationale; et l'armée fidèle, les ministères, toutes les grandes Administrations les y suivirent. Ce fut un exode général du monde officiel.

De son côté le Comité Central, représentant des révolutionnaires, s'installait à l'Hôtel-de-Ville et prenait possession, par ses délégués, des ministères et des administrations publiques, en même temps que" du poste de l'Etat-major de la place Vendôme. Sur tous ces points, le drapeau rouge était substitué au drapeau tricolore.

Paris, dès lors, se trouva partagé en deux camps de force inégale : d'une part, les insurgés triomphants et, d'autre part, les amis de l'ordre, reconnaissant pour chefs les Maires et les Adjoints de Paris (1).

En face du pouvoir de l'Hôtel-de-Ville,

(1) Parmi ces édiles se trouvaient deux hommes qui, depuis, se sont grandement illustrés dans des situations différentes : le Vosgien MÉLINE alors adjoint du Ier arrondissement, et le Vendéen G. CLÉMENCEAU, maire du XVIIIe (Montmartre).

l'Assemblée des Maires et des Adjoints dont le siège était à la mairie du 2ᵉ arrondissement, fit courageusement acte d'autorité en nommant à titre provisoire l'amiral Saisset, Commandant supérieur de la garde nationale, et le colonel Langlois, Chef d'état-major général. A ces deux grands chefs, qui étaient l'un et l'autre représentants de la Seine à l'Assemblée nationale, devaient se rallier tous les bataillons restés fidèles.

Chacun des deux pouvoirs disposait ainsi d'une force armée.

En cette conjoncture, les partisans de l'ordre, qui étaient les plus faibles, désiraient vivement une entente. Ils organisèrent, à cette fin, une grande démonstration pacifique. Le 22 mars, des personnes de tout âge et de tout rang se réunirent, sans arme, au nombre de plusieurs milliers sur la place de l'Opéra. Vers une heure et demie, la colonne précédée d'une pancarte sur laquelle on lisait : *Appel aux amis de l'ordre*, se mit en marche dans la rue de la Paix. Arrêtée à la hauteur de la rue des Petits-Champs par un bataillon aux ordres du Comité Central, elle dut engager des pourparlers avec les chefs. Mais bientôt des roulements de tambour partant de la place Vendôme mirent fin au colloque, et aussitôt une horrible fusillade cribla de projectiles les manifestants. Il y eut une douzaine de tués et une vingtaine de blessés. Alors, on le pense bien, ce fut un sauve-qui-peut général qui dispersa subitement la colonne.

Cruel et sanglant événement dont j'ai gardé un attristant souvenir. Des patriotes de ma connaissance faisaient partie de cette démonstration; ils en revinrent tout frémissants d'indignation et de colère. L'amiral Saisset y avait couru les plus grands dangers. Dans tout Paris, ce fut une sorte de stupeur. Sur la rive droite, les portes et les fenêtres se fermèrent précipitamment; les magasins, les cafés furent évacués en toute hâte, et les rues quasi désertes prirent un aspect lugubre.

Cette fusillade traîtresse montrait clairement que, pour rester seul maître, le Comité Central entendait user de la violence. De fait, les maires et les adjoints furent promptement dépossédés par la force, et l'Assemblée du 2ᵉ arrondissement dut disparaître. L'insurrection était ainsi pleinement triomphante.

De la parole aux actes, on sait que souvent la distance est grande ; parfois même c'est un abîme qui les sépare. Qu'on en juge.

Au lendemain du 18 mars, le Comité Central, composé de vingt-cinq membres, se confondait en promesses de liberté, de tolérance et même de générosité. On lisait dans ses proclamations : « qu'il pardonnait à ses détracteurs ;... qu'il n'avait jamais commis ni excès, ni représailles ;... qu'il avait fondé la Fédération pour répondre aux attaques du Gouvernement ;... qu'il n'avait jamais signé un arrêt d'exécution ;... que seuls, deux hommes (1) avaient été frappés dans un moment d'indignation populaire, mais que le Comité de la Fédération était étranger à ces deux exécutions ;... enfin que les citoyens de Paris étaient appelés à élire librement, le 26 mars, leur *Conseil communal* ; après quoi, ceux qui, par nécessité urgente occupaient le pouvoir *déposeraient leurs titres provisoires entre les mains des élus du peuple* ».

La promesse de se retirer — pour ne parler que de celle-là, — était donc formelle. Néan-

____

(1) Les généraux Lecomte et Clément Thomas.

moins, le Comité Central resta en place concurremment avec les « élus du peuple » sortis vainqueurs dans l'élection du 26 mars. De là, deux pouvoirs insurrectionnels qui, bientôt d'ailleurs, furent en état d'hostilité. Celui de la Commune avait nominalement la prééminence, mais c'est le Comité Central qui détenait la force, et il le fit bien voir en adressant, le 1er avril, à sa rivale ce poisson plein d'arêtes :

« Le Comité Central des vingt arrondissements rappelle à la Commune de Paris qu'il lui a déjà demandé de statuer immédiatement sur la publicité des débats du pouvoir communal ».

En face de ce désaccord, le journal *La Cloche* écrivait le 3 avril : « Il paraît que nous avons l'anarchie dans l'anarchie. La Commune a peur. Le Comité Central ment à son programme; il ne veut pas se dissoudre, et la Commune ne peut pas le disperser ».

A cet antagonisme des deux pouvoirs s'ajoutèrent bientôt les rivalités personnelles. Vermorel, en séance de la Commune demandait, le 22 avril, que Félix Pyat eut à répondre de ses actes; et le citoyen J.-B.

Clément, plus acerbe, réclamait formellement son arrestation. Déjà, l'un des membres les plus influents du Comité Central, Assi, avait été incarcéré sans que le public en connût bien la raison. Et Delescluze discourant ensuite, prononça des paroles qui sont à retenir. « Nous sommes, dit-il, pour les moyens révolutionnaires, mais nous voulons *observer la forme et respecter l'opinion publique*. S'il y a quelques désordres, n'est-ce pas pour des querelles de galons qui divisent certains chefs? Dans mon arrondissement (le onzième), il y a des tiraillements. Et pourquoi? A cause des jalousies et des compétitions. *C'est l'élément militaire qui domine, et c'est l'élément civil qui devrait dominer toujours* ».

*
* *

Combats entre l'armée régulière et l'armée de la Commune. — Dans l'ivresse de leur succès, les révolutionnaires n'oubliaient pas leur ennemi commun : le gouvernement de Versailles. Aussi, eurent-ils l'idée folle de tenter une attaque contre lui.

Le 2 avril, à l'appel de Flourens, de Duval et de Bergeret, une cinquantaine de bataillons fédérés prirent position à Neuilly, à Issy et à Châtillon. Dès l'aube du lendemain, ces masses s'ébranlèrent au cri de : *Vive la Commune!* et se mirent en marche sur Versailles. Mal leur en prit, car l'armée régulière puissamment soutenue par le Mont Valérien ne tarda pas à les refouler en désordre dans Paris. Duval fut tué sur le plateau de Châtillon, et Flourens reconnu par des gendarmes dans une auberge de Rueil eut le crâne fendu d'un coup de latte.

Comme résultat de cette bataille qui dura plusieurs jours, l'armée de Versailles, outre la capture de nombreux fédérés, se rendit maîtresse de Châtillon et, après s'être emparé de la barricade du pont de Courbevoie, s'avança jusque dans Neuilly et le bois environnant.

Pendant l'action, le Mont Valérien ne cessa de cribler de ses feux toute cette région, sans en excepter la Porte-Maillot. Des obus parvenaient jusque dans l'avenue de la Grande Armée et même jusqu'à la Place de l'Etoile dont le monument reçut une grave atteinte.

Cette défaite des fédérés causa un vif déboire dans les rangs de la Commune. Le *Père Duchêne* tout déconfit se montra « bougrement en colère » (1), et le général Dombrowski, accusant plusieurs bataillons de lâcheté, demanda que leurs officiers fûssent traduits devant la Cour martiale.

Chez ces citoyens intègres on pratiquait tout de même deux justices : celle des amis et celle des autres. Un bataillon, le 105ᵉ, qui avait nettement refusé de se battre, venait d'être condamné dans la personne de deux capitaines, d'un lieutenant et d'un garde, aux travaux forcés ; les deux premiers à perpétuité. Or, comme les coupables étaient du parti de la Commune, celle-ci fit casser le jugement sous prétexte que la composition de la Cour était irrégulière. Bonne revanche des civils sur les militaires !

Déjà, du reste, en exécution des ordres de la Commune, un changement de personne avait eu lieu dans le haut commandement de l'armée. Le citoyen Cluseret (2) avait été

(1) Le Père Duchêne, au grossier et venimeux langage, était le journal favori des Communeux. Son tirage quotidien atteignait jusqu'à soixante mille exemplaires. Après lui, comme tirage, venait le *Cri du peuple* de Jules Vallés.

(2) Un rédacteur du *Mot d'ordre* rapporte qu'il croisa aux Champs-Elysées ce citoyen ministre qui était à cheval, accompagné d'un aide de camp et suivi de deux ordonnances. « Il portait la capote bleue de la garde nationale avec les insignes

délégué à la Guerre, et le général Dombrowski désigné comme successeur de Bergeret à la Place de Paris.

Entre l'enceinte et les forts occupés par les fédérés, d'une part, et l'armée de Versailles d'autre part, il existait une lutte continuelle soit d'artillerie, soit de mousqueterie. Paris, en fait, subissait partiellement un *second siège*. Dans une lettre que j'écrivais à ma famille le 29 avril, je trouve ces lignes: « Nous vivons à Paris au milieu d'une canonnade incessante; jour et nuit, depuis des semaines, ce n'est que bruit de guerre. Les mitrailleuses et les feux de peloton s'entendent parfois avec une netteté surprenante. Mais on se fait à tout; aujourd'hui, cette musique ne me cause plus d'émotion ».

Nous venons de voir que le Mont-Valérien lançait des projectiles jusque dans l'avenue de la Grande-Armée. Le croirait-on? Poussés

de colonel (cinq galons). Deux branches de chêne et de laurier, croisées sur le devant du képi, également orné de cinq galons, le distinguaient seules des autres chefs des légions fédérées.

Le Ministre de la guerre portait, en outre, l'*écharpe rouge communale* en sautoir. »

par une invincible curiosité, il se trouvait des amateurs de ce spectacle qui ne craignaient pas d'en approcher au risque d'y perdre la vie. Un général mexicain que je connaissais — mais lui, du moins, était du métier, — voulant se rendre compte du tir des batteries de fédérés à la Porte-Maillot, y fut tué par un éclat d'obus.

Dans cette armée de la Commune, qui comprenait, outre des enrôlés de force, des individus de toutes provenances, les défections et les non-valeurs se montraient fréquentes. Souvent, les hommes préposés à la garde de l'enceinte préféraient le parfum du « pinard » à l'odeur de la poudre. Un jour, que ces défenseurs dénués de zèle avaient abandonné leur poste et ripaillaient gaiement chez les « bistros » du voisinage, un petit bourgeois, agent-voyer en retraite, s'aperçut de ce grave oubli de la consigne. Tout aussitôt courant se mettre en évidence sur le rempart, ce courageux citoyen (1) multiplia les signes d'appel au poste versaillais voisin. Dès qu'il fut compris, l'armée de l'ordre arrivant en masse se précipita,

(1) Il se nommait DUCATEL. J'estime que son acte héroïque mérite une place dans l'Histoire.

par la voie ainsi ouverte, à l'intérieur des fortifications et, sans coup férir, y prit pied pour
attaquer, le lendemain, avec une frénétique
ardeur.

Cet événement avait lieu à la nuit tombante,
le dimanche 21 mai, dans la région d'Auteuil.
Il marque le prélude de la semaine tragique.

II

LA SEMAINE SANGLANTE

Sommaire. — *Les barricades.* — *Difficulté de regagner mon domicile; incidents de route.* — *Retraite continue des insurgés devant l'armée de Versailles.* — *Le Comité de Salut public aux abois; sa vengeance infernale: massacre des otages et Paris en feu.*

Sanglante par l'exécution de centaines d'otages de tous rangs et de toutes classes, depuis l'Archevêque de Paris et le Président Bonjean, jusqu'aux humbles gendarmes, sergents de ville et soldats de l'armée régulière; *sanglante* par la multitude de fédérés qui trouvèrent la mort en défendant les barricades: *sanglante* par les exécutions sommaires qui eurent lieu en grand nombre pendant les jours où l'armée ne faisait pas de quartier;

oui, sanglante, *terriblement sanglante*, fut cette semaine qui commença le Lundi, 22 mai, pour finir le Dimanche, 28.

Elle fut aussi une semaine de destruction sauvage, cette *semaine d'incendies* allumés sous le coup d'une rage infernale.

Que ne peut-on effacer de notre histoire le souvenir de tant d'horreurs !

Dès l'aube du 22 mai, l'armée de Versailles qui, la veille au soir, avait franchi l'enceinte, engagea une vigoureuse action contre les fédérés. Surprise par la soudaineté de l'attaque, la Commune se sentit du coup menacée de mort. Vite en ébullition, elle rugit la vengeance.

Dans tous les quartiers, à tous les coins de rue, s'élèvent fébrilement des barricades. Des femmes et des enfants, chose pitoyable, y mettent la main en aide aux insurgés ; et de toutes parts, pour la défense, accourent les fédérés.

Mais, plus prompte encore, l'armée envahissante dans un élan irrésistible avance sans arrêt, ne faisant pas de prisonniers et tournant ou brisant devant elle tous les obstacles.

Le retour à mon domicile. — Ce même jour, après une matinée bien remplie dans mes services d'hôpital et d'ambulance, j'avais passé tout l'après-midi au quartier St-Sulpice qui était celui de ma pension. A la nuit tombante, sur le point de me retirer, on m'apprend que l'armée de Versailles occupe la gare Montparnasse, d'où elle bombarde en enfilade la rue de Rennes et la place St-Germain-des-Prés. Comment rentrer dans mon domicile, rue St-Dominique, juste en face du glacier Blanche? J'avais à cœur de n'en pas rester absent, et le chemin m'était coupé par les obus. Les rues assombries et presque désertes avaient un aspect lugubre. Je fus un instant fort perplexe; puis, à tout hasard, je tentai l'aventure en faisant un grand détour par la rue de l'Ancienne-Comédie.

A toutes les barricades qu'il me fallut franchir, je me déclarais médecin et, sans opposition, les gardiens me livraient passage. Mais, parvenu rue Jacob, il en fut autrement; je me heurtai à un défenseur féroce qui s'exclama : « Médecin! je m'en f... des médecins! Il en pleut... Vite un pavé, ou bien on ne passe pas ». — « Quand vous serez malade, Citoyen, vous aurez d'autres paroles, vous changerez de gamme ». Et saisissant à mes pieds un lourd pavé, je le jette de mauvaise grâce sur la barricade. « Le voilà, votre pavé ; elle n'en manquait pas, pourtant ». Puis, je passai.

Protester de la sorte était une imprudence (1), mais je n'en étais pas à ma première. De Charybde j'allais d'ailleurs tomber en Scylla.

Arrivé devant l'hôpital de la Charité, je trouve en effet une barricade gardée par un gamin d'une douzaine d'années qui m'arrête et m'impose d'arracher un pavé. Oh ! un pauvre gosse qu'il me serait facile d'écarter... Oui, mais attention ! Les vrais Cerbères sont là, tout près, qui prennent un apéritif chez le marchand du coin. Cette fois encore, en maugréant, il faut m'exécuter.

Pour atteindre ma demeure, je n'avais plus long chemin à faire : trois cents mètres à peine. Mais, dans ce court trajet, c'était

(1) Un pharmacien de la rue Richelieu qui s'opposait à la construction d'une barricade devant son officine, fut aussitôt appréhendé, puis fusillé sans merci contre un mur du jardin des Tuileries.

encore quatre ou cinq barricades que je devais franchir.

Comme je me trouvais devant la Charité, l'idée me vint d'y demander une carte attestant ma qualité de chirurgien des hôpitaux. Là, une rencontre aussi agréable qu'imprévue me permit de saluer le professeur Gosselin et mon collègue Lannelongue qui, prisonniers de barricades, dînaient à la table du Directeur. Celui-ci, avec une grande obligeance, s'empressa de me donner satisfaction. Alors, muni de cette carte, je me remis en marche et put franchir sans arrêt plusieurs barricades. Puis, à celle de la rue Perronet, accueil stupéfiant de bonne grâce! Pourquoi? je l'ignore encore. Un des gardes se détache du groupe, met l'arme au bras et m'escorte fièrement jusqu'à la porte de mon domicile! — « Merci, mon brave »; et, ce disant, je pensais : que n'es-tu ailleurs dans le droit chemin!

Après ces divers incidents, me voici donc en ma demeure.

J'habitais, au 2e étage, un petit appartement dans une aile de vieil hôtel dont tous les locataires s'étaient réfugiés en province.

Située rue S-Dominique (1), au croisement de la rue St-Guillaume, cette vaste maison se trouvait comprise entre deux barricades, distantes d'environ cinquante mètres l'une de l'autre. Les gardiens de la plus proche se tenant devant la grande porte, presque sous mes fenêtres, c'était me signifier qu'il fallait vivre en prisonnier.

« Et que faire en un gîte, à moins que l'on ne songe? »

Je songeai — la matière ne manquait pas — je variai mes lectures, j'observai discrètement par mes fenêtres le va-et-vient de mes geôliers; je descendis aussi à divers intervalles dans la grande cour pour m'y promener; et, pendant la nuit, dans mon sommeil entrecoupé, j'écoutais les bruits de la rue.

Sortir de ma prison pour me procurer quelque nourriture, il ne fallait pas y penser. Par bonheur, d'une petite provision que j'avais faite neuf mois auparavant à la veille du siège, il me restait une minime réserve de

(1) L'extension du boulevard Saint-Germain, en 1877, fit disparaître une grande partie de la rue Saint-Dominique qui, auparavant, commençait rue des Saints-Pères.

confiture et trois *biscuits de mer*, secs et durs comme de la pierre. Ce fut là, pendant plusieurs jours, le régal qui me permit de ne pas défaillir.

Entre temps, l'armée opérait avec une extrême vigueur et progressait sans relâche vers le centre. Les chefs communeux s'efforçaient de le dissimuler à leurs hommes, affirmant même que « l'ennemi » était repoussé avec de grandes pertes.

De mes deux barricades, la plus voisine comptait six ou sept défenseurs, presque tous des jeunes gens qui, avec une étonnante inconscience du péril, aimaient à se distraire par des gamineries de leur âge. Le mercredi, vers midi, quand assis sur l'asphalte du trottoir, ils prenaient leur repas, un grand chef inspecteur des barricades vint à passer. Il était à cheval et n'avançait, on le pense bien qu'avec lenteur. Quelles paroles plaisantes leur adressa-t-il ? Je n'ai pu les saisir ; mais elles mirent en joie les convives qui éclatèrent d'un rire prolongé.

Le soir du même jour, alors que je me promenais dans la cour, voici que soudain la grande porte résonne sous les coups de

son lourd marteau. Eh ! que nous veut-on ?
Vite le concierge se presse d'ouvrir (c'est
l'ordre impérieux de la Place) et un officier
des barricades de la rue de Grenelle se présente, lui disant : « On tire sur mes hommes ;
je veux savoir si les coups partent de votre
maison ». Puis, accompagné du concierge
lui affirmant que c'est impossible, il visite
l'hôtel dans sa partie correspondante à la rue
St-Guillaume. N'ayant rien découvert, il se
retire lentement, très soucieux et passe
devant moi sans m'adresser une parole.

Très soucieux ! et pour cause, je l'ai su plus
tard. Les troupes de Versailles atteignaient
notre région et trouvaient, rue du Bac, l'appui
des habitants qui, de leurs fenêtres, faisaient
feu sur les insurgés.

Enfin, le jeudi à la pointe du jour, silence
complet sous mes fenêtres ; les barricades
sont abandonnées, la rue est déserte. Quelle
joie !

Une fois debout, je sortis le cœur allègre,
allant à l'aventure quérir des nouvelles. Mais
les balles sifflaient dans le voisinage, il me
fallut brusquer mon retour et vivre encore une
demi-journée en reclus.

Nous avons vu que, dès le premier jour 22 mai, les troupes régulières s'étaient emparées de la gare Montparnasse, d'où elles bombardaient les fédérés à travers la rue de Rennes. Mais ceux-ci, abrités derrière leurs barricades, ripostaient en criblant la façade d'obus et de boulets. En ce point, la résistance fut telle que les troupes de Versailles, pour parvenir aux rues de Grenelle et de Saint-Guillaume, durent combattre plus de deux jours.

Les insurgés n'en allaient pas moins toujours reculant. Partout les barricades étaient savamment prises à revers et leurs défenseurs tués sur place. Ceux de ces malheureux que l'on prenait vivants étaient fusillés sans délai. Parmi ces derniers, plusieurs chefs de la Commune payèrent ainsi leur criminel passé.

Pendant que de tous côtés la fusillade faisait rage, à l'Hôtel-de-Ville on était naturellement fort anxieux. Un étranger qui assistait à la réunion du Comité de Salut public a raconté que Vésignier, le délégué au *Journal officiel*, se plaignait qu'on ne protégeât pas suffisamment l'imprimerie du quai Voltaire, attendu

GUÉNIOT. — Souvenirs de la guerre.   7

que le journal officiel (*Paris libre*) et l'Hôtel-de-Ville étaient les deux forces de la Fédération ». Et Raoul Rigault, le farouche Procureur de la Commune, de lui objecter que parmi ces forces, la Préfecture de Police était bien aussi une des premières.

A ce moment, le général Eudes qui avait été envoyé aux renseignements sur l'état de la défense, revint de son expédition et jeta dans le concert cette note glaciale : « A mon avis, ce n'est plus qu'une affaire de temps ; Montmartre peut encore se défendre, l'Hôtel-de-Ville ne le peut pas ».

— Cependant, réplique Ranvier : « Tant que Montmartre, Belleville et le Père-Lachaise tiendront, nous pourrons encore résister ».

De toute évidence, la Commune était à l'agonie ; mais avant de disparaître, elle voulut donner libre cours à sa vengeance. L'étranger que je viens de citer avait remarqué que Delescluze et Eudes s'étaient longuement entretenus à part. J'imagine qu'ils se concertaient sur l'exécution des otages et l'incendie de Paris. Car, c'est à la suite de ce colloque que la prison de la Roquette retentit du massacre d'un premier lot de victimes. Mgr Darbois, Archevêque de Paris, le président Bonjean, l'abbé Deguerry, curé de la Madeleine, Mgr Sura, archiprêtre de Notre-Dame, l'avocat Gustave Chaudey, rédacteur du *Siècle*, le banquier américain Jecker, le Père Olivaint, supérieur des Jésuites, le Père Caubert et d'autres encore, prêtres ou laïques, composèrent cette première phalange de martyrs.

Ce n'était là d'ailleurs qu'une sorte de préambule. De nouveaux massacres se succédèrent ensuite avec une impitoyable rigueur, non seulement à la Roquette, mais encore dans les autres prisons, à Mazas et à la Conciergerie. Des hommes de tous rangs, des prêtres, des sergents de ville, de nombreux gendarmes et des soldats de l'armée tombèrent, tout comme les premières victimes, sous la fusillade des assassins.

Dans le même temps, les pétroleuses et les incendiaires accomplissaient leur exécrable besogne. Le feu dévorait la plupart de nos monuments et quantité de maisons particulières, notamment celle de Thiers, le chef du gouvernement.

A signaler ici toutes les ruines causées

par l'incendie, la liste en serait trop longue. Aujourd'hui, après plus d'un demi-siècle, il n'en reste heureusement aucune trace. Tous les monuments incendiés, sauf les Tuileries disparues, ont été réédifiés ou remplacés par d'autres constructions. C'est ainsi que le ministère des Finances, qui était situé rue de Rivoli, se trouve remplacé par l'hôtel Continental et que, d'autre part, la gare d'Orsay occupe actuellement tout l'espace que couvraient la Cour des Comptes et la caserne Napoléon (1).

Dans son numéro 62, du 17 floréal an 79 (17 mai 1871), le *Père Duchêne* écrivait en sa langue académique : « Une chose bougrement essentielle et sur laquelle le Père Duchêne a

(1) Le 26 mai, la bataille ayant cessé sur la Rive gauche, je descendis en observateur jusqu'à la Seine. Quel horrible spectacle offrait alors la rue de Lille ! La Caisse des Dépôts et Consignations, la caserne Napoléon, la Cour des Comptes, le Palais de la Légion d'Honneur et des hôtels particuliers étaient tous en flamme et formaient dans leur ensemble une immense fournaise.

A cette mer de feu, l'incendie des Tuileries et du Ministère des Finances offrait, sur la Rive droite, un sinistre pendant.

Les papiers de la Cour des Comptes n'étaient pas tous consumés sur place. Des liasses enflammées s'élevaient en grand nombre dans les airs, pour ensuite se répandre aux alentours, parfois à de grandes distances. Des enfants, *rue d'Aboukir*, en ramassaient des débris à pleines mains.

caché sous un lit le long du mur, etc., etc.

Tous les chefs arrêtés étaient conduits, sous bonne escorte, dans les prisons de Versailles en attendant leur comparution devant un Conseil de guerre. Il en était de même des repris de justice, des pétroleuses et des étrangers.

Quant aux autres prisonniers insurgés, ils étaient momentanément groupés à Satory, puis envoyés dans nos ports militaires pour y être jugés. Leur nombre était considérable. Le 13 juin, les pontons de la rade de Brest n'en comptaient pas moins de dix mille. C'est par centaines que, dans les premiers jours de ce mois, on arrêtait à toute heure hommes et femmes de cette catégorie.

Au passage d'un convoi exclusivement composé de *Dames* de la Commune, un témoin disait qu'on ne pouvait rien imaginer de pareil, « tant la bêtise, le vice et le crime étaient peints sur tous ces visages ».

Pour leur défense, les fédérés prétendaient, en général, n'avoir accepté un rôle dans les rangs de la Commune, que pour en atténuer la malfaisance. Ils y avaient été contraints, disaient-ils, sous peine de mort. Excuse banale et inacceptable qui, néanmoins, pouvait être exceptionnellement exacte. Millière, en effet, au fort de la bataille avait fait fusiller, sur les marches du Panthéon, trente gardes nationaux qui refusaient de marcher contre l'armée. En expiation d'un tel crime, l'auteur, fait prisonnier, fut lui-même exécuté au même lieu.

Les Conseils de guerre siégeant à Versailles étaient au nombre de quatre. J'eus la curiosité d'assister à une séance de l'un d'eux.

Je vis là cinq prévenus alignés, dont le plus compromis était Ferré, l'ex-délégué à la Sûreté générale. Accusé d'avoir ordonné l'embrasement du Ministère des Finances, ce petit homme sec et nerveux s'en défendait avec une âpre énergie. Par malheur, contre ses dénégations, il existait un témoignage décisif. C'était un ordre écrit de sa main qui, dans son laconisme, en disait long : « Flambez finances »; deux mots seulement, mais terriblement significatifs.

Ferré, comme bien d'autres, fut fusillé au camp de Satory.

Courbet, promoteur du renversement de la

colonne Vendôme, fut condamné aux frais de la réédification, qui s'élevèrent à trois cent mille francs. Appauvri par ce fait, il dut travailler pour vivre, et se retira en Suisse où il mourut en décembre 1877 (1).

(1) Selon le Docteur PAUL COLLIN qui l'assista dans ses derniers moments, « Courbet était torturé par la pensée qu'on pût l'appeler *communard*. Il se prétendait calomnié par les journaux, et la qualification de « déboulonneur » le mettait en rage. »

·IV

LES CHEFS DE LA COMMUNE
ET L'INTERNATIONALE

Le *Gotha* de la Commune comprenait des hommes de toutes provenances, unis par un même fanatisme de licence, de domination et de vengeance. Tous cependant n'étaient pas intoxiqués au même degré. Dans le nombre, les moins tarés n'étaient peut-être (surtout au début) que de vulgaires ambitieux, des utopistes, des révoltés, de grands vaniteux que les circonstances rendaient criminels.

Ainsi, Jules Vallès, le délégué à l'Enseignement, avait essayé de convaincre la bourgeoisie que le nouveau régime serait pour elle une source de bienfaits. Et dans un élan de fraternité : « Allons, écrivait-il, que le rez-de-chaussée et la mansarde se raccommodent »! Mais pour l'accomplissement des

abominables forfaits de la Commune, il suffisait de quelques chefs dénaturés, tels que
les Quantin, les Raoul Rigault et les Urbain,
les autres étant eux-mêmes trop dégradés
pour avoir le désir ou le courage de s'y
opposer.

Après la débâcle, tous les coupables ne
furent pas arrêtés ; un certain nombre parvinrent à se réfugier en Angleterre, rejoignant
à Londres les inspirateurs de la Commune,
c'est-à-dire Karl Marx, le grand-prêtre de l'Internationale et ses acolytes Jacobi, Dieb-
neck, etc. Il paraît bien, en effet, que ces
révolutionnaires de marque furent les vrais
instigateurs de l'insurrection, car c'est à l'un
d'eux que vint l'idée de brûler Paris ; et de
plus, l'avant-veille du 18 mars, des ordres
étaient venus de Londres, accompagnés
d'une centaine de mille francs à distribuer.

D'ailleurs, ce n'est pas seulement comme
direction que la Commune était affiliée à
l'Internationale, elle l'était aussi par le
grand nombre d'étrangers accourus à son
service. Il s'en trouvait de toutes les nations
européennes, depuis les polonais Babick et
Dombrowski, jusqu'au valaque Giorock, à

l'italien La Cécilia et au prussien Franken.

Quoique Français, le général Cluseret n'était lui-même qu'un coureur d'aventures. Il nous arrivait du Nouveau-Monde après avoir combattu, d'abord en Sicile sous les ordres de Garibaldi, puis en Amérique dans la guerre de Sécession.

Quant aux malfaiteurs de bas-étage, il en était venu de même de tous les pays : pègre cosmopolite s'ajoutant à celle que la Commune avait mise sur pied par l'ouverture des prisons.

Aussi, d'un article très documenté du journal *Le National* (19 juin 1871), l'auteur pouvait-il déduire cette conclusion : « Internationale et Commune sont solidaires et complices. Toutes deux poursuivent le même but : bouleverser l'ordre social, détruire les croyances religieuses, la famille, le capital ; refuser toute prime à l'intelligence, au travail, à l'épargne, aux connaissances acquises ; passer sur toutes les têtes la baguette de Tarquin et imposer leur joug par l'incendie et l'extermination ».

Eh ! n'est-ce pas là dans toute sa netteté et son horreur l'application de la doctrine

« Ni Dieu, ni Maître »? Il n'est pas, ce me semble, de formule plus perverse que cette double négation. Elle émane d'ailleurs d'un esprit démesurément agité, d'un homme en perpétuelle révolte qui, par fractions de temps, passa une moitié de sa vie à conspirer, et l'autre moitié dans les prisons d'Etat (Blanqui). *Ni Dieu, ni Maître*, c'est-à-dire l'homme dépouillé de tout idéal, la bête livrée à ses pires instincts. Comment s'étonner que les adeptes d'une telle doctrine puissent commettre toutes les extravagances, toutes les turpitudes, toutes les atrocités?

Contre ceux qui critiquaient ses actes avec quelque sévérité, la Commune malgré ses promesses de liberté ne manquait pas d'exercer ses rigueurs. Un mandat d'amener lancé contre Louis Ulbach, rédacteur de *La Cloche*; le *Figaro* supprimé le 22 mars, reparaissant le matin du 1er avril, et de nouveau supprimé le soir; le *Constitutionnel*, saisi et brûlé le 2 avril; puis, quatre autres journaux condamnés en bloc, avec la menace de supprimer tous les périodiques, en ne laissant subsister que le *Journal officiel* : telles furent certaines décisions de ce gouvernement *libé-*

ral. Et Raoul Rigault, questionné à ce sujet, de répondre : « Que la liberté de la presse doit être illimitée, mais non pour des journaux indignes qui calomnient le gouvernement de la Commune ».

Voilà comment ces tyranneaux entendaient la liberté de la presse.

V

UN FAIT PARADOXAL : LE CALME DE LA RUE

Chose bien étonnante, sous ce régime despotique sauf dans les premières semaines) Paris ne cessa pas de jouir d'une réelle tranquillité. La vie sans doute y était très ralentie, mais elle ne s'en continuait pas moins sans incident grave. Personnellement, je ne fus jamais inquiété quoique m'étant rendu en cent endroits différents : à une revue de fédérés, à des séances de clubs démagogiques, à la prison de la Santé, etc.

Le dimanche, sans changer leurs habitudes paisibles, les Parisiens se livraient à leurs promenades familières. Quelques-uns dominés par la curiosité s'aventuraient même, sans être molestés, jusque près du théâtre des hostilités.

Comment expliquer le fait paradoxal d'un pareil *calme de la rue* avec tant d'éléments de désordre? Ne serait-ce pas que la masse des Communeux était composée, d'après le capitaine Albert de Mun, de simples égarés plutôt que de véritables ennemis? Telle est aussi mon opinion; et à l'appui, un geste bien significatif est celui de cet insurgé de la rue Perronet qui, au premier soir de la semaine sanglante, se plut à m'escorter jusqu'à la porte de mon domicile. Mais à ce calme extérieur je vois encore deux autres raisons. C'est d'abord que la tourbe des coupe-jarrets était embrigadée dans les bataillons qui guerroyaient contre l'armée de Versailles. Comme celle-ci, en multipliant ses attaques, ne leur laissait aucun répit, ils se trouvaient absorbés dans la défense, et leurs pertes en tués ou prisonniers réduisaient d'autant leur nombre.

La seconde raison a trait aux chefs qui trônaient à l'Hôtel-de-Ville. Tout cet état-major insurrectionnel, repu d'orgueil et de jouissances matérielles, était enclin à maintenir ce *statu quo* sans s'aliéner la population. Rappelons ici cette phrase de Delescluze, que j'ai citée plus haut: « Nous sommes pour les moyens révolutionnaires, mais nous voulons observer la forme et *respecter l'opinion publique*». Ils vivaient gaiement tout en faisant bonne chair; il s'agissait donc surtout de rester (1).

Ce qui troublait un peu l'existence dorée de ces tyranneaux, c'était la guerre qu'ils se faisaient entre eux. Mais leurs rivalités, malheureusement, ne les détournaient pas de la haine implacable qu'ils portaient aux prêtres et à tous ceux qui menaçaient leur pouvoir ou dont ils voulaient se venger (2). De plus, en face de la défaite ils avaient, dans leur rage infernale, encore assez d'entente pour décider la destruction complète de la Capitale.

Si, dans le désastre final, il n'y eut qu'une centaine de maisons particulières incendiées; si tous les monuments de Paris, tous nos trésors de science et d'art ne furent pas anéantis,

(1) Raoul Rigault et son secrétaire Dacosta déjeunant aux Frères Provençaux eurent à payer, pour deux repas, des additions de 75 fr. 35 et 62 fr. 85 (A noter qu'en ce temps-là, le franc valait *un franc*, et non pas vingt centimes comme au temps actuel).

(2) L'exécution de l'avocat journaliste Gustave Chaudey fut la vengeance d'un acte qui datait du siège.

c'est à l'action rapidement libératrice de notre armée que nous le devons (1).

(1) Rendons grâce également aux hommes de cœur qui ont noblement concouru à divers sauvetages. Déjà des flammes s'élevaient dans la Cathédrale lorsqu'un interne de l'Hôtel-Dieu s'en aperçut et se précipita courageusement avec ses collègues pour les éteindre. De même, c'est bien au dévouement et à l'ingéniosité des Conservateurs du Louvre que ce palais fut épargné à la dernière heure.

VI

APRÈS LA TOURMENTE

Le relèvement de la France. — Le rétablissement définitif de la paix mit heureusement fin aux fléaux qui s'étaient abattus sur notre pays. Chose admirable, les masses populaires et les dirigeants, loin de s'apitoyer dans l'inaction, rivalisèrent d'énergie pour cicatriser les plaies de la Patrie. Dans l'ordre intellectuel comme dans l'ordre matériel, on vit partout une activité prodigieuse appliquée à l'œuvre de restauration. Le retour à la vie normale fut à la fois si rapide et si complet que, sept ans après nos désastres, en 1878, nous pouvions offrir au Monde l'imposant spectacle d'une Exposition universelle aussi brillante que celle de 1867.

Thiers qui détenait alors le pouvoir fut le grand animateur des forces réparatrices; il se montra, en cette conjoncture, un Chef de gouvernement aussi habile que clairvoyant. L'Assemblée nationale lui décerna le titre glorieux de *Libérateur du Territoire*, et c'était justice.

TABLE DES MATIÈRES

Imprimerie E., Dessaint
Coulommiers (S.-et-M.)